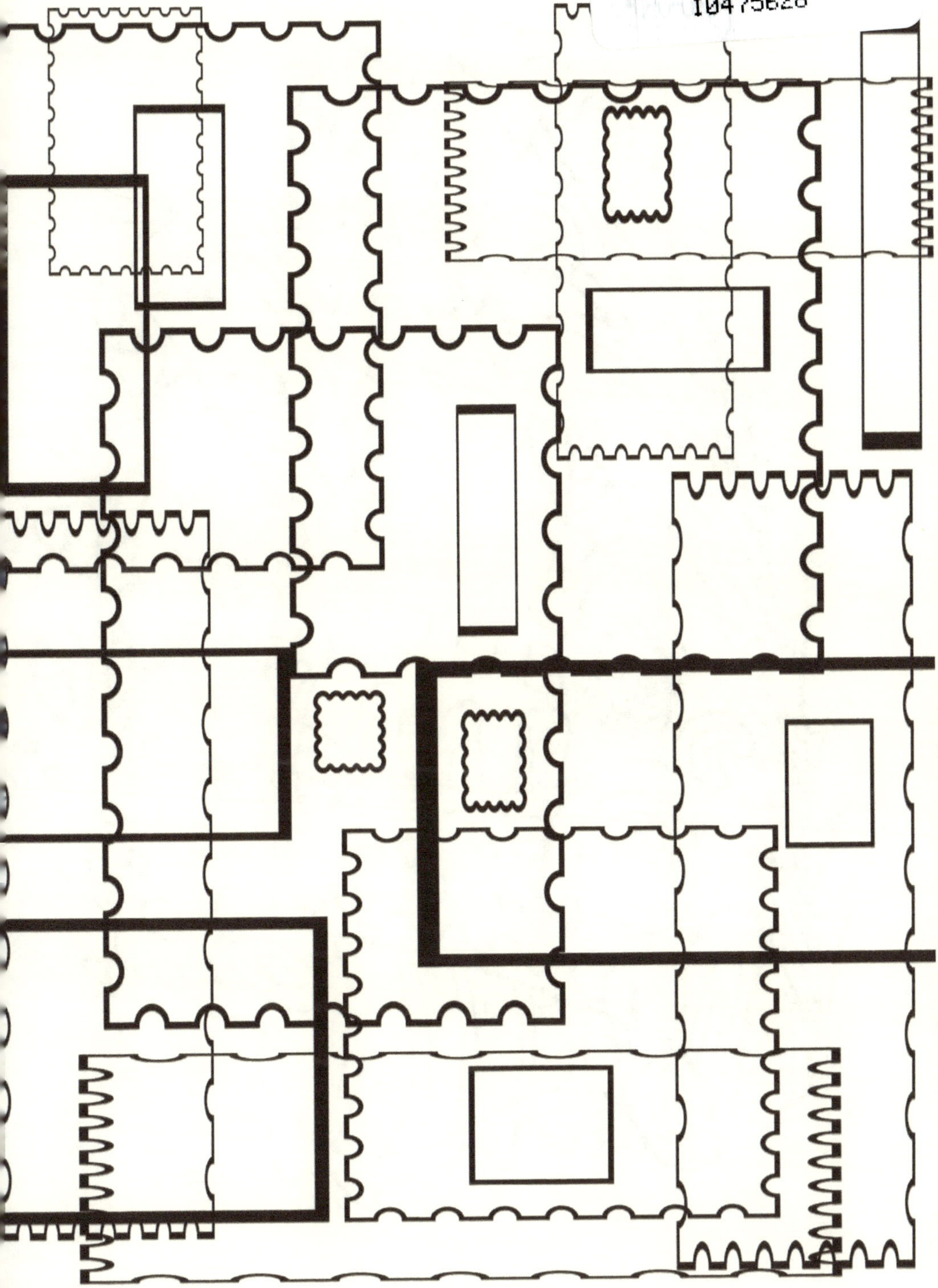

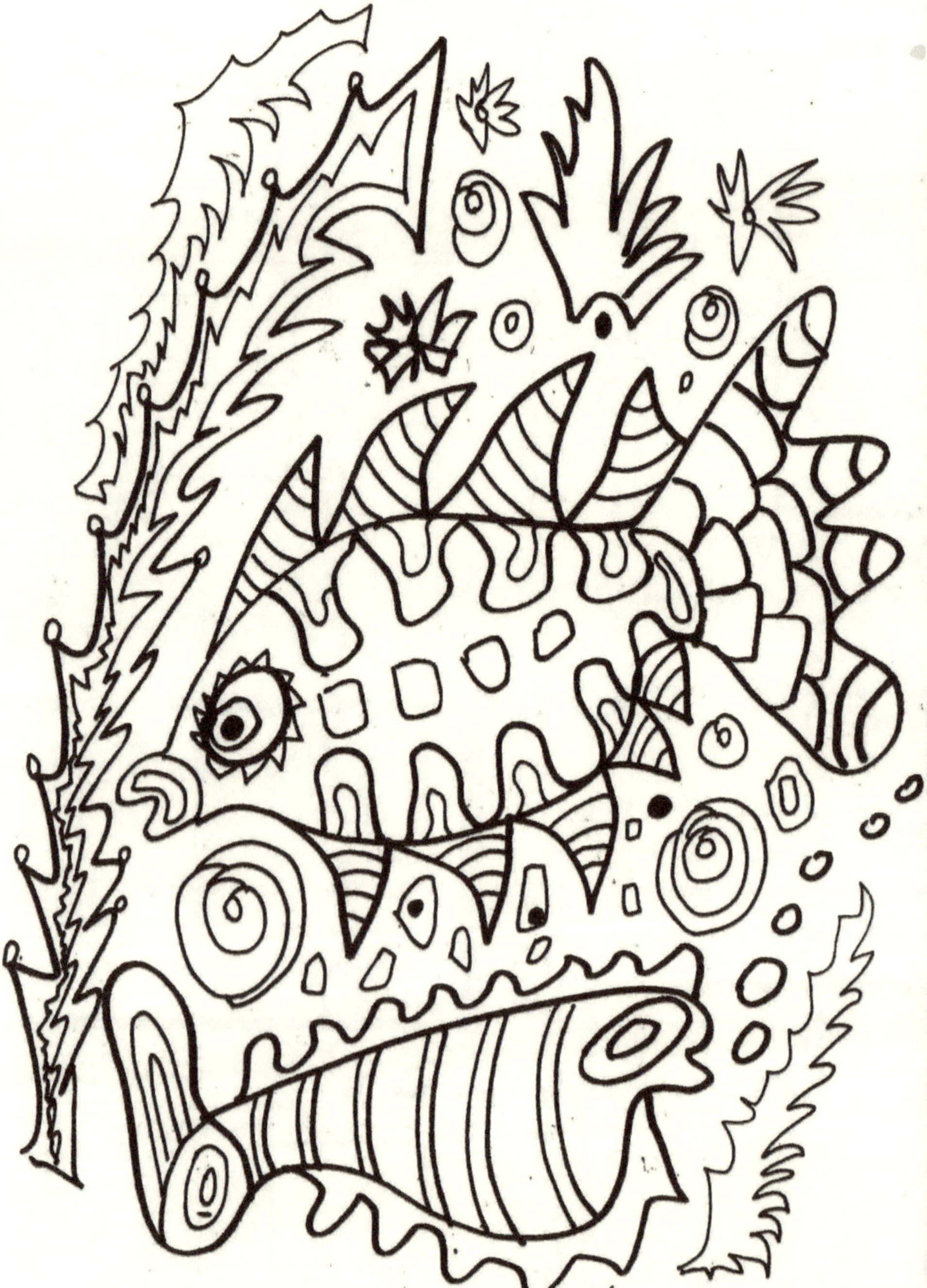

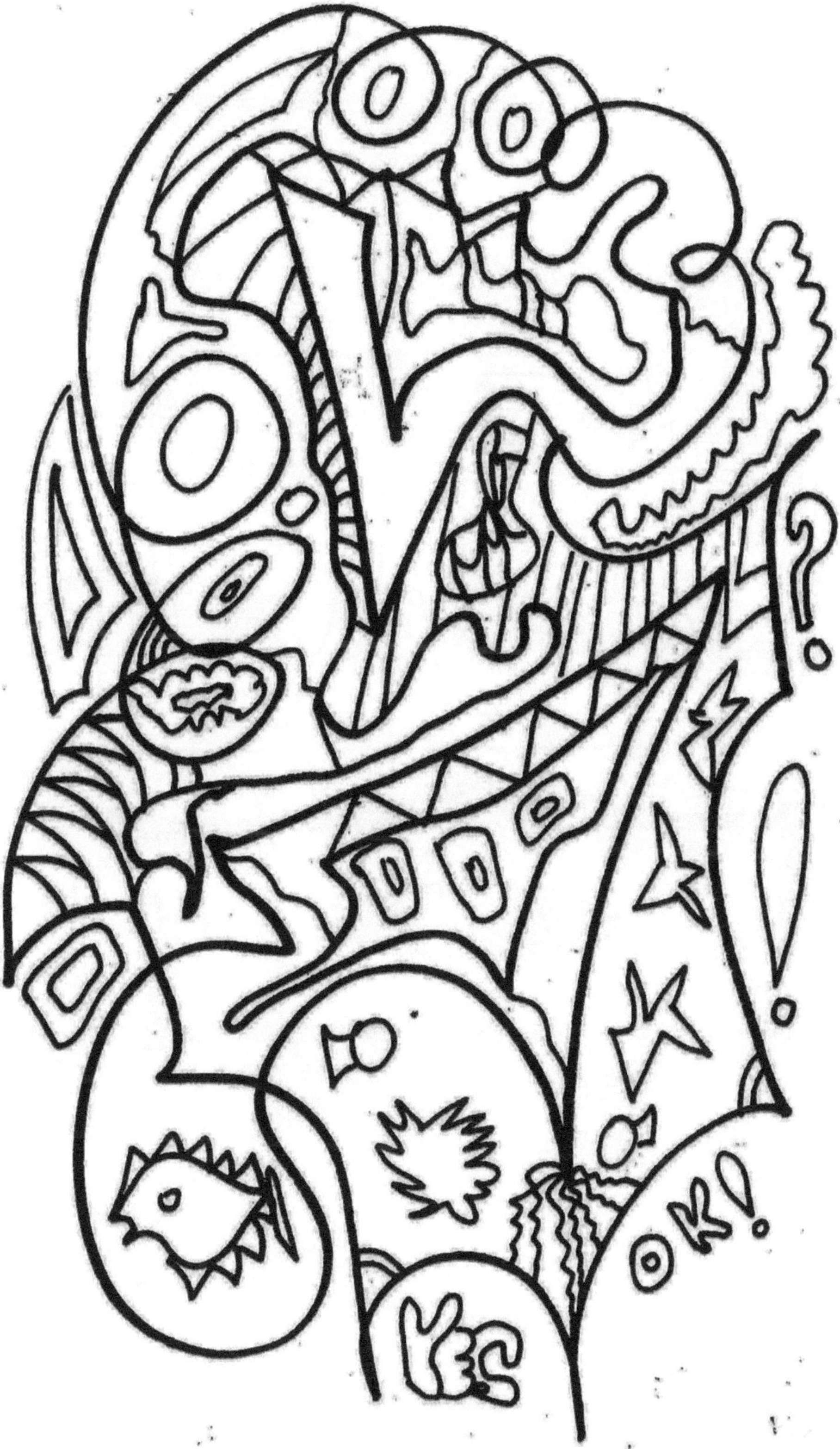
YES
OK!

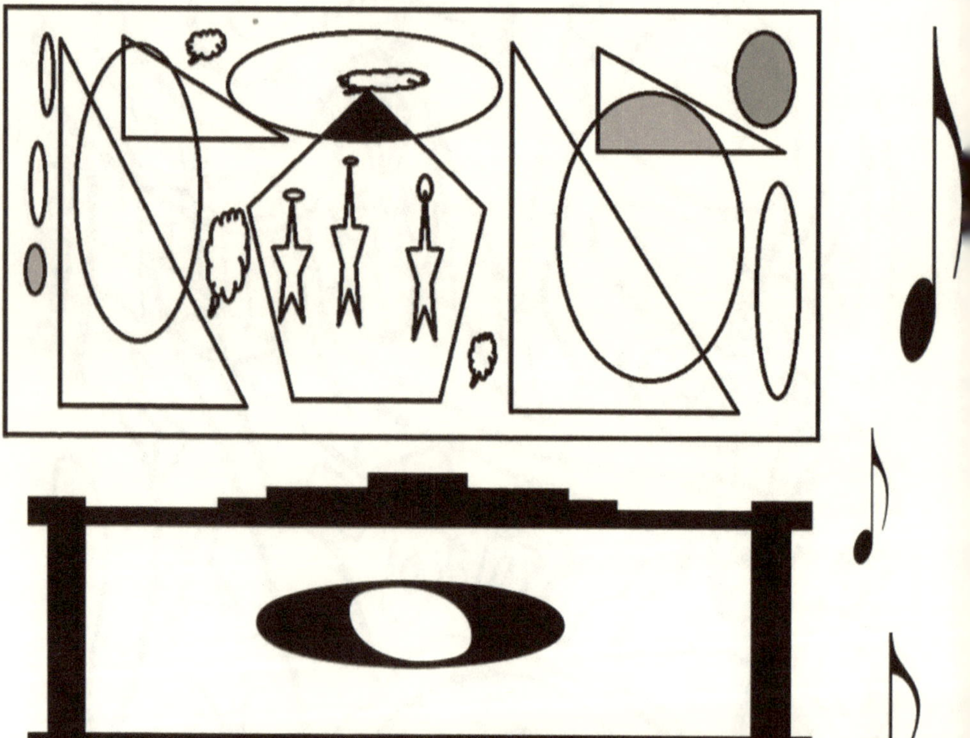

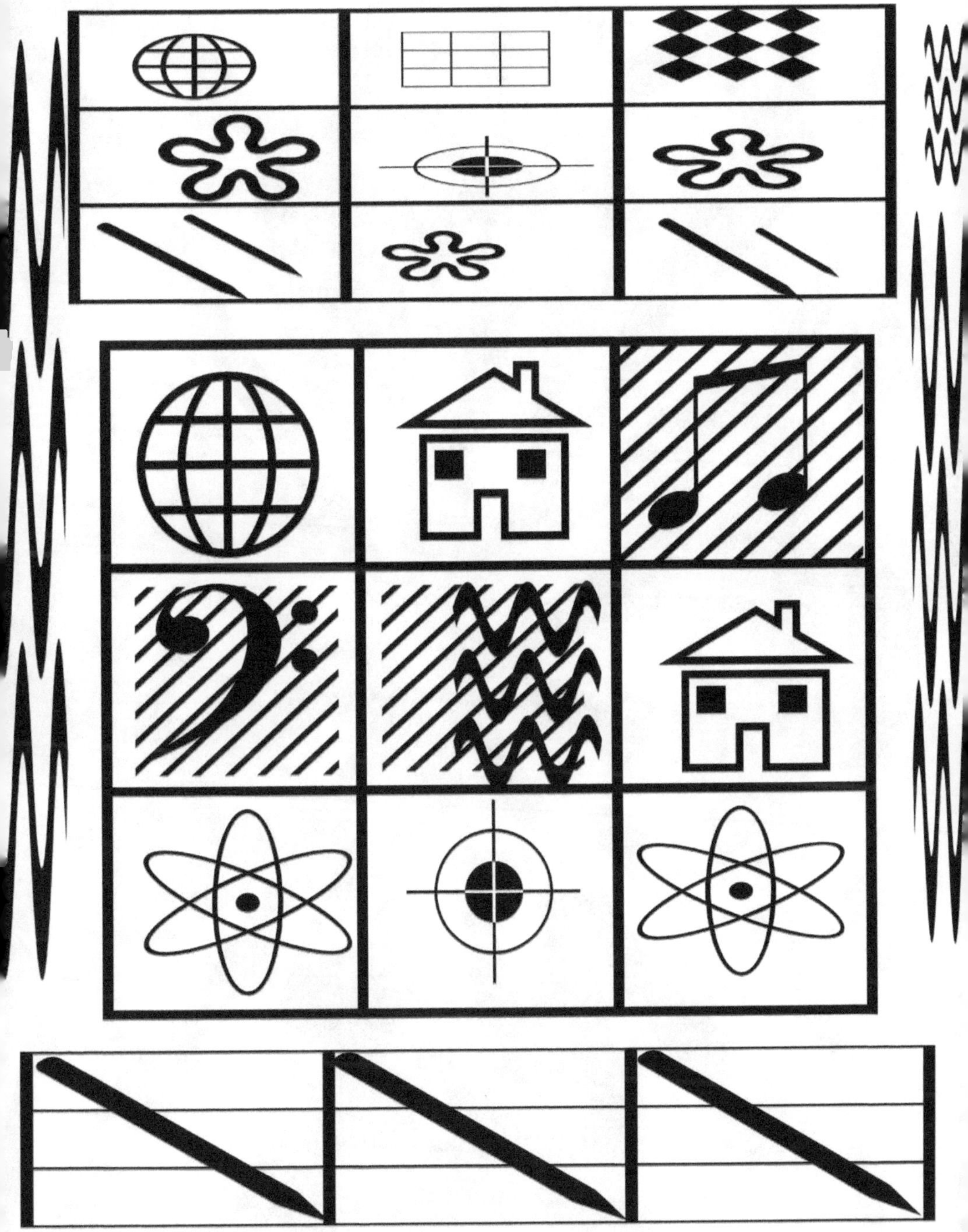

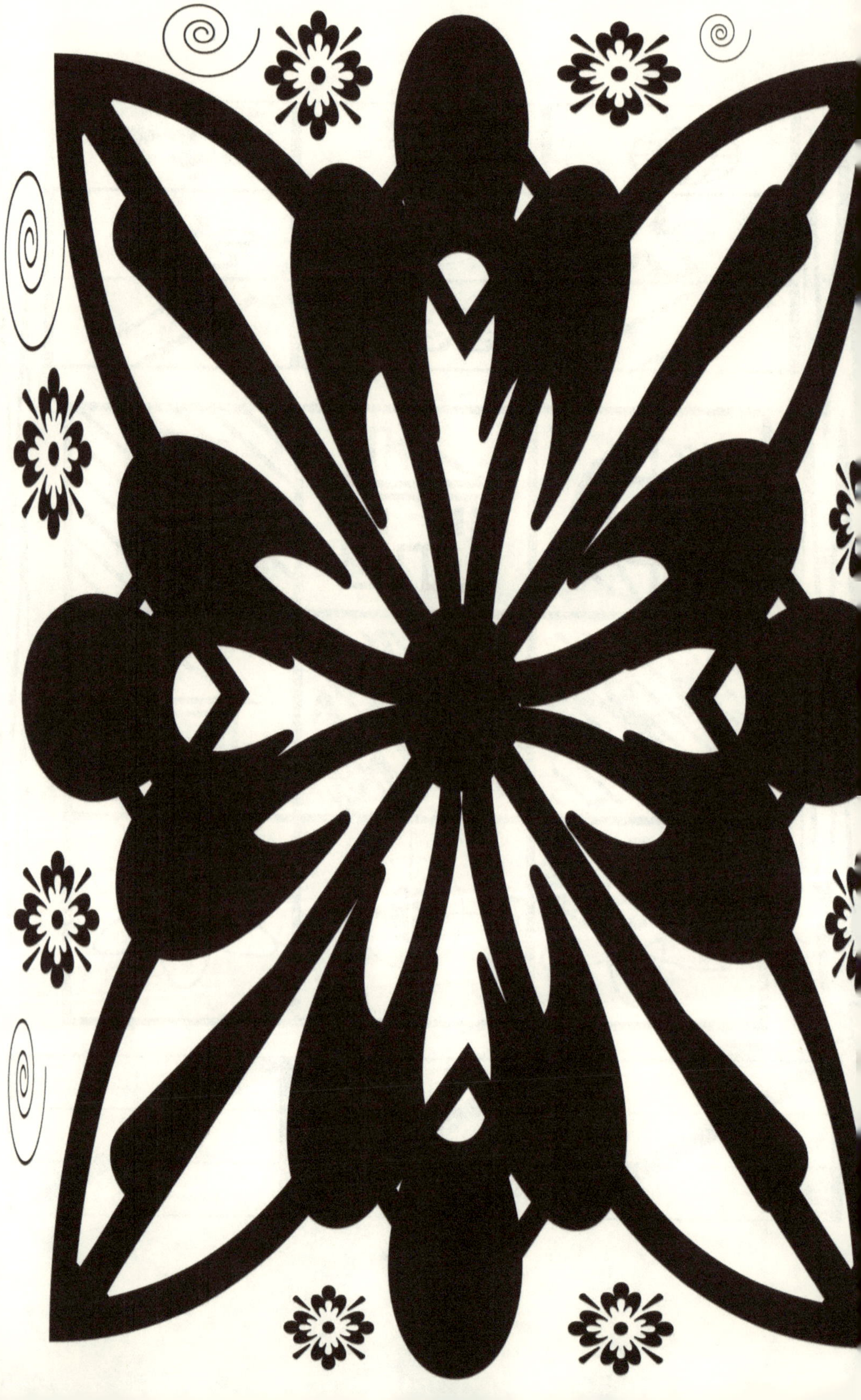

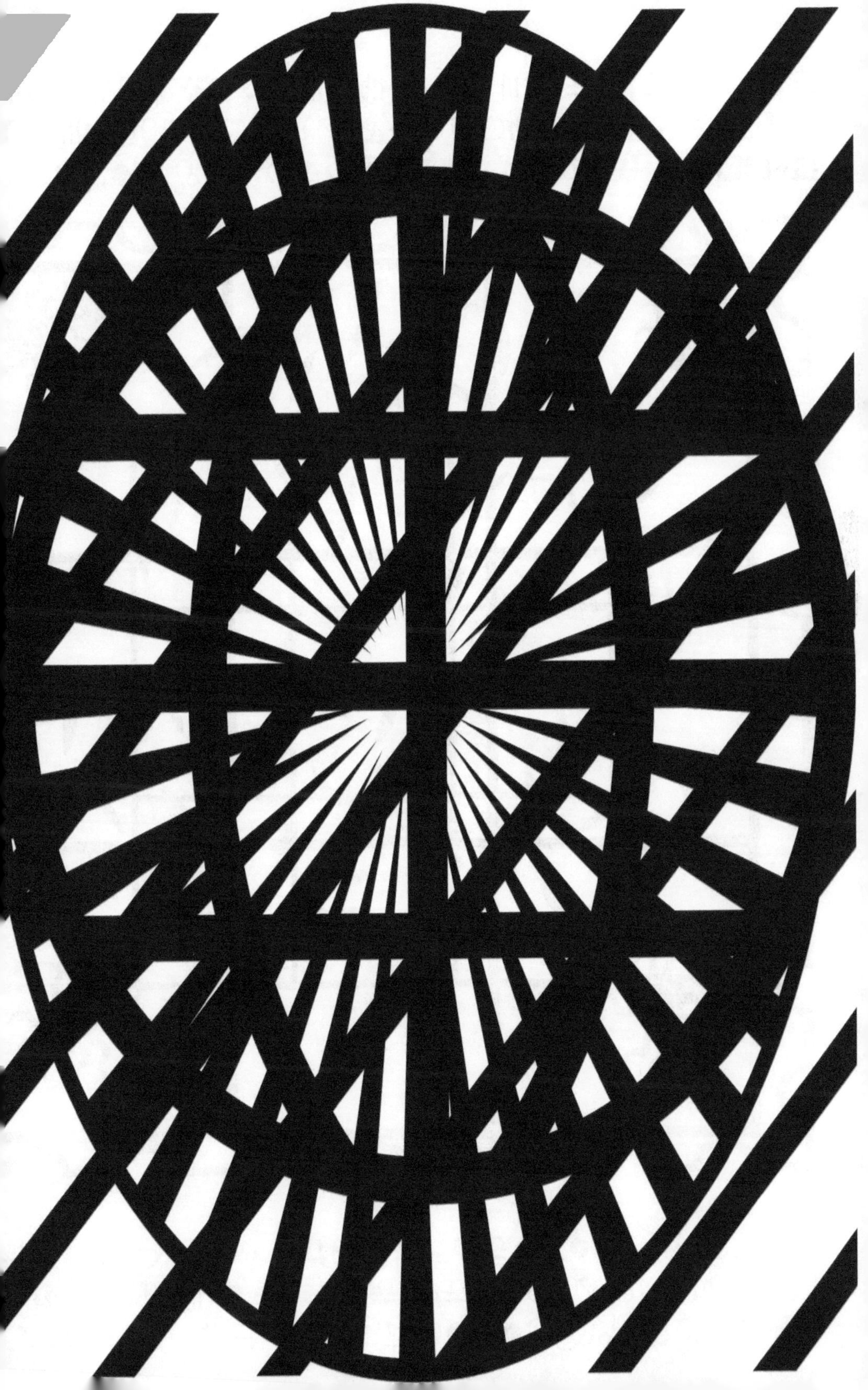

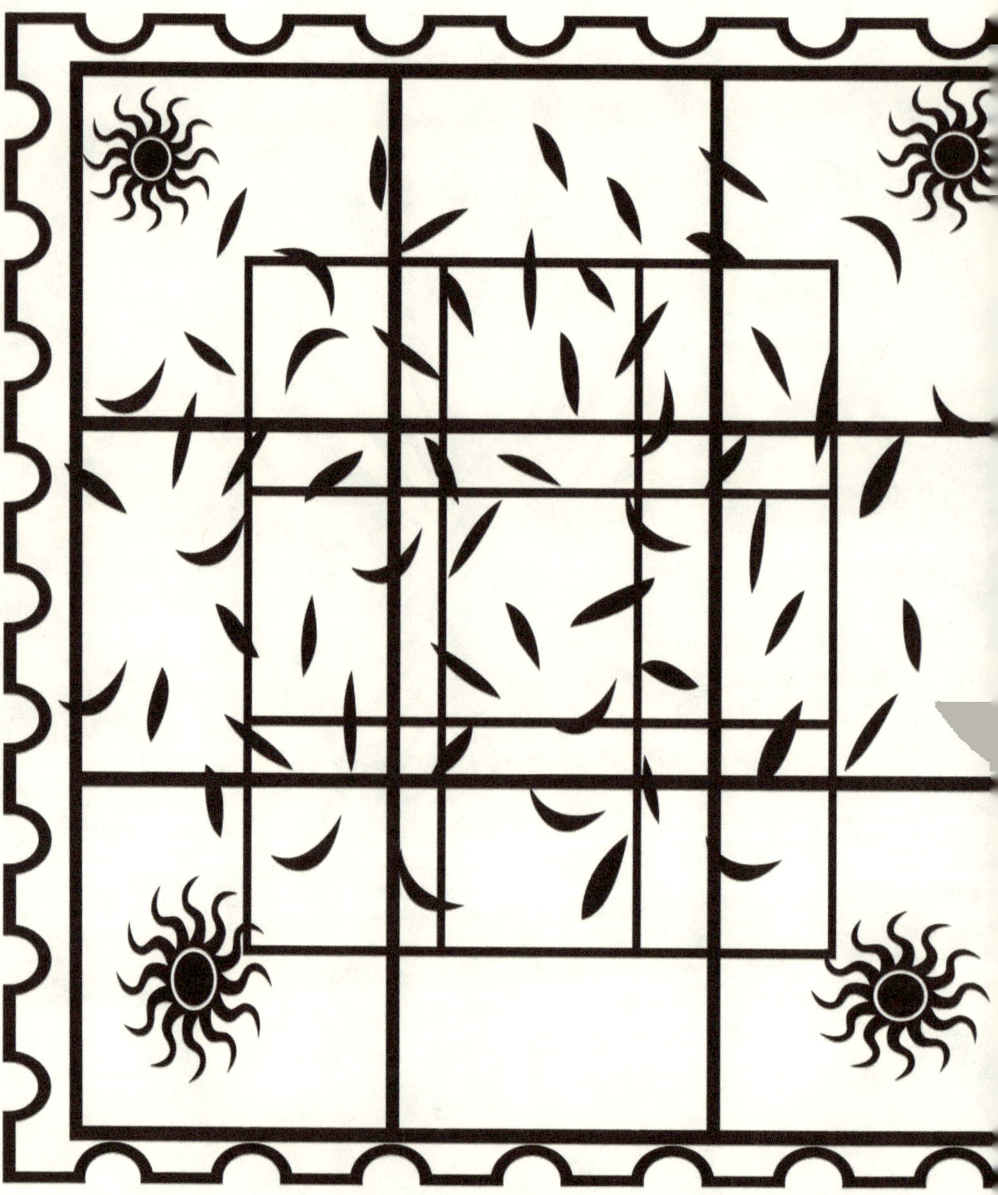

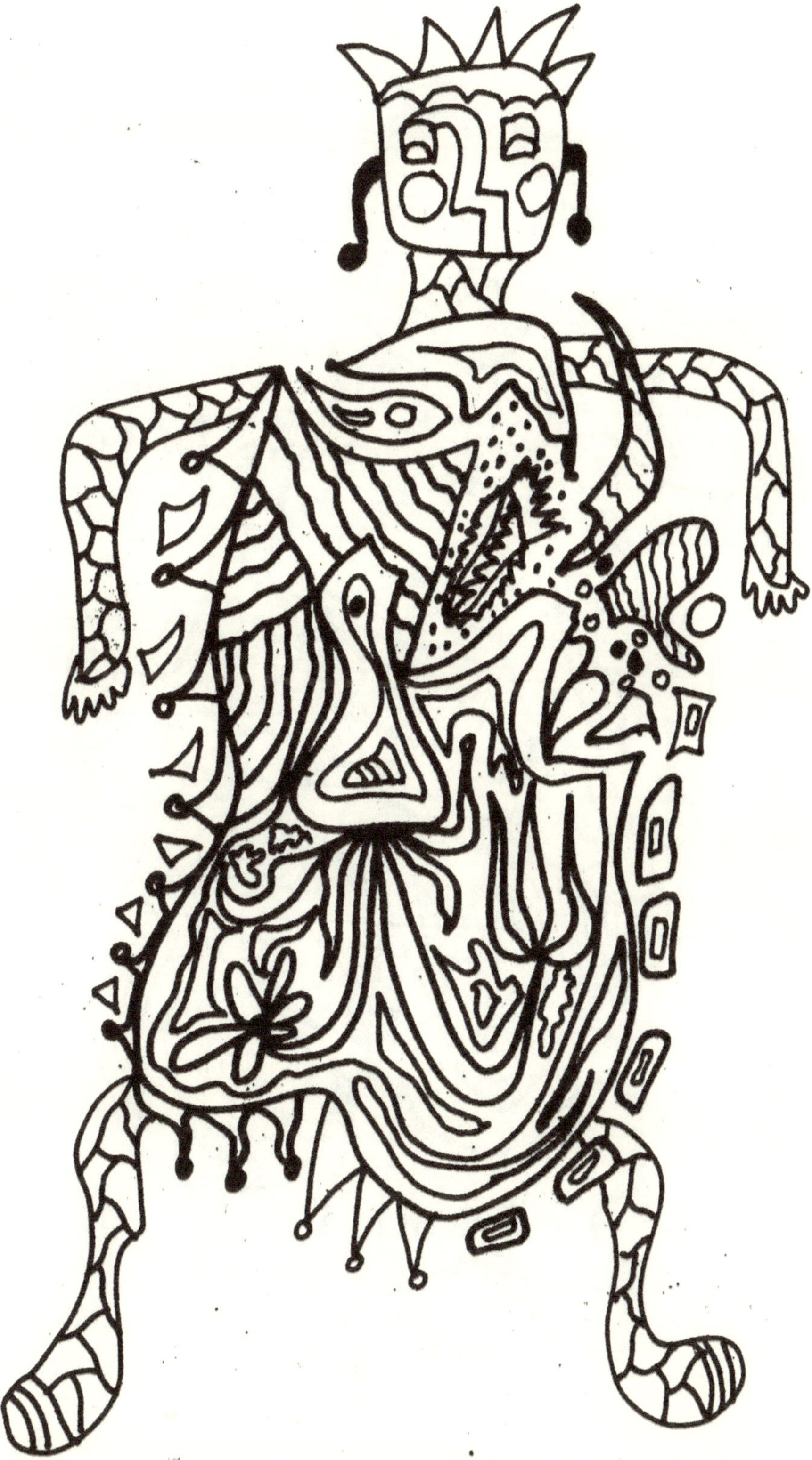

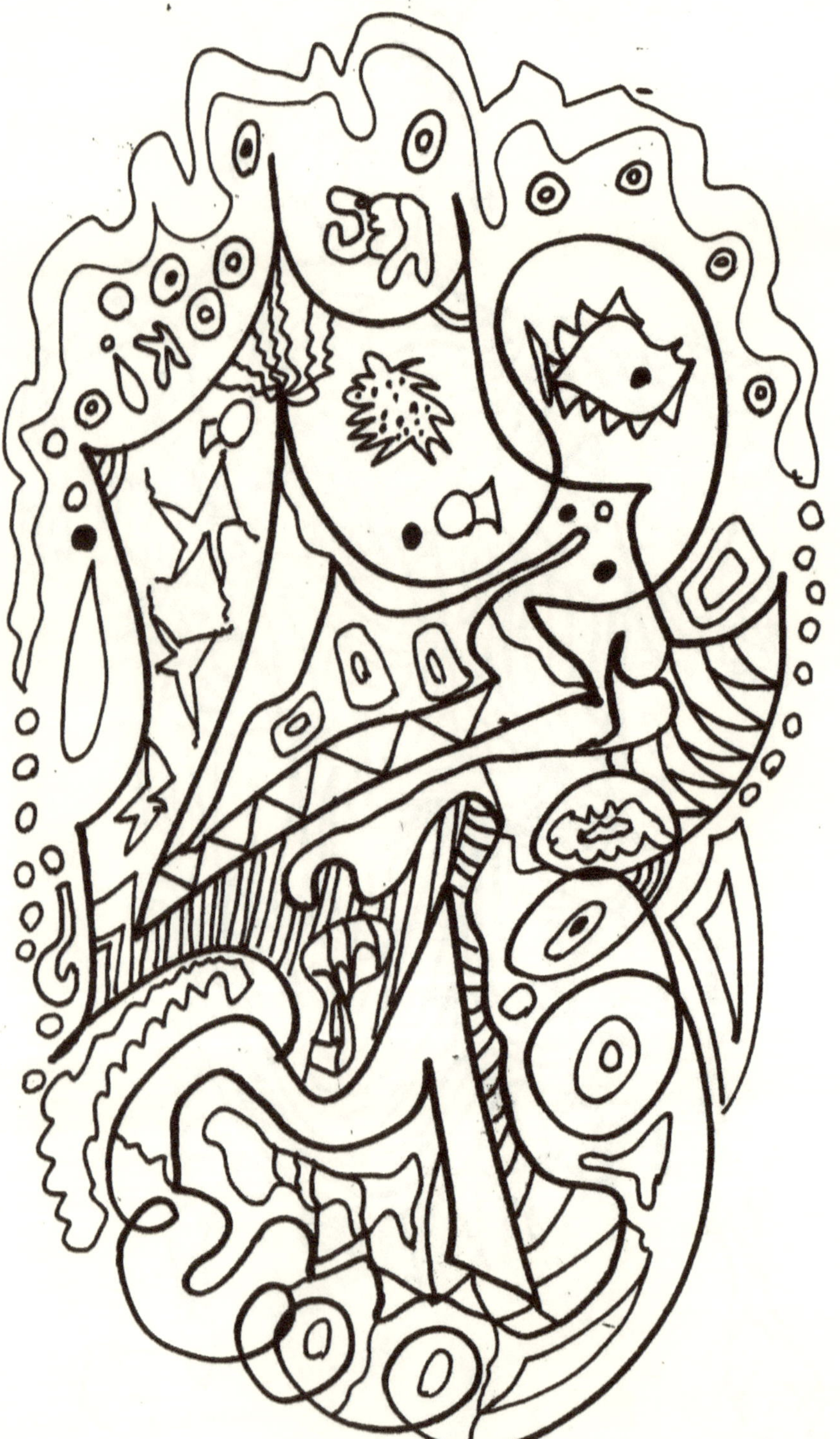

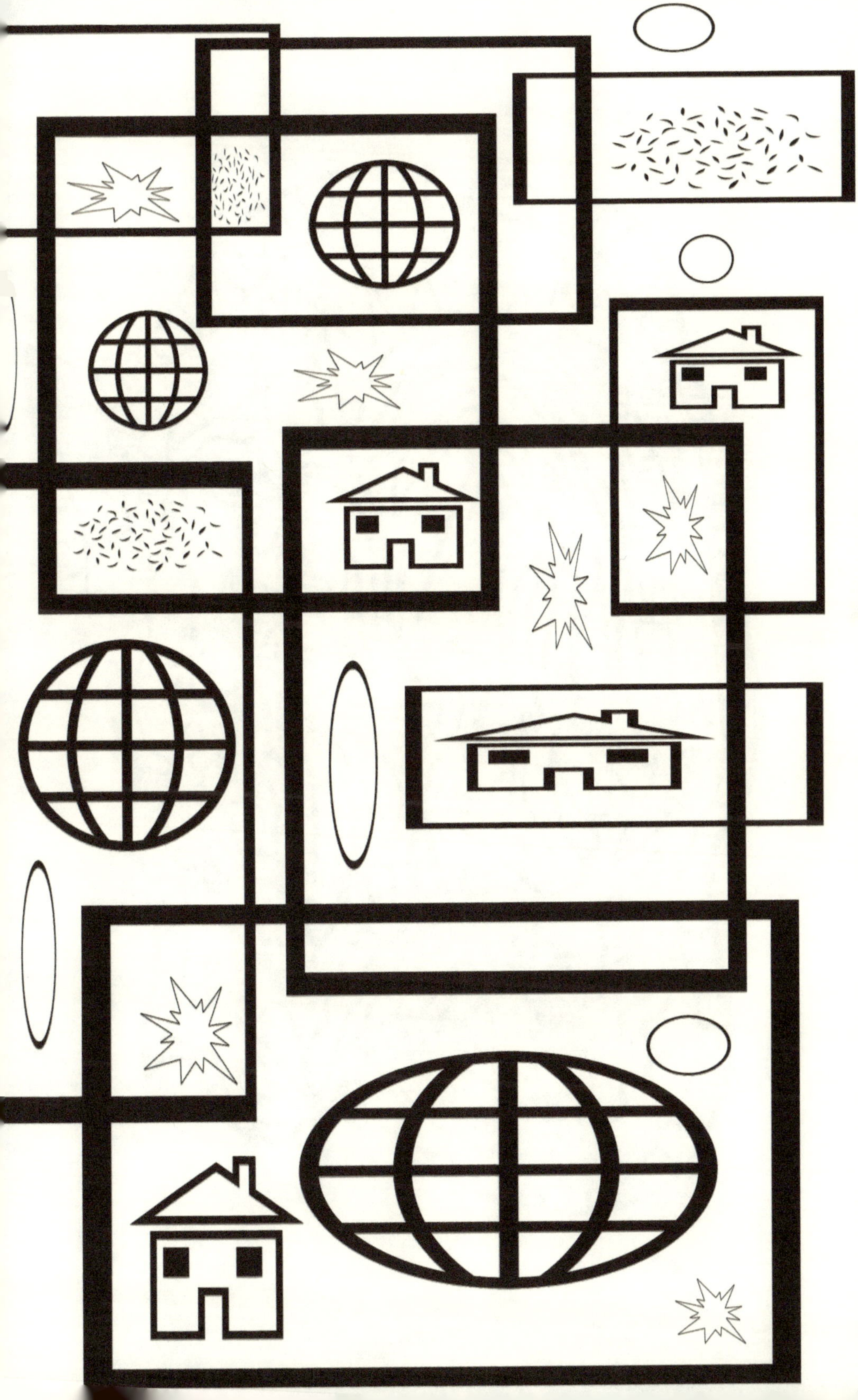

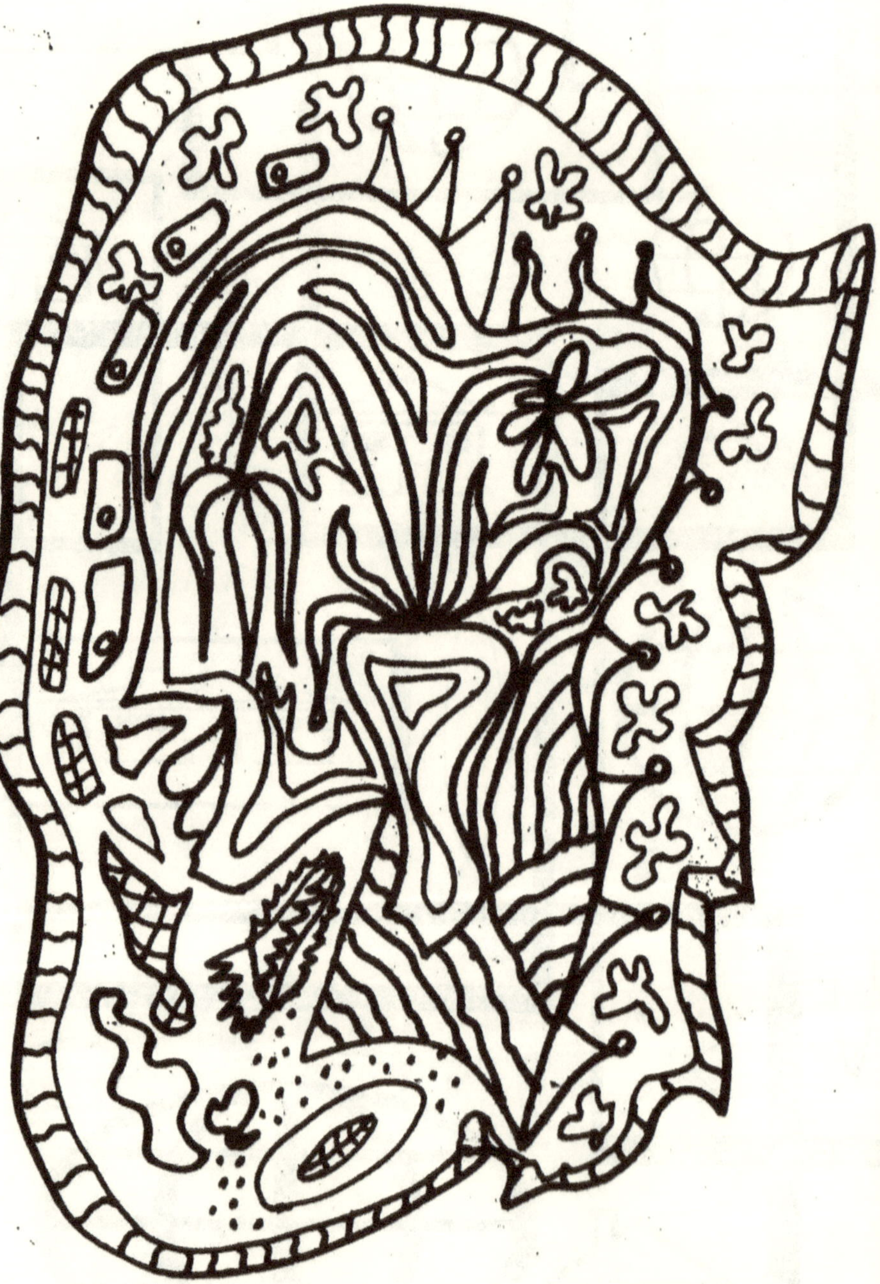

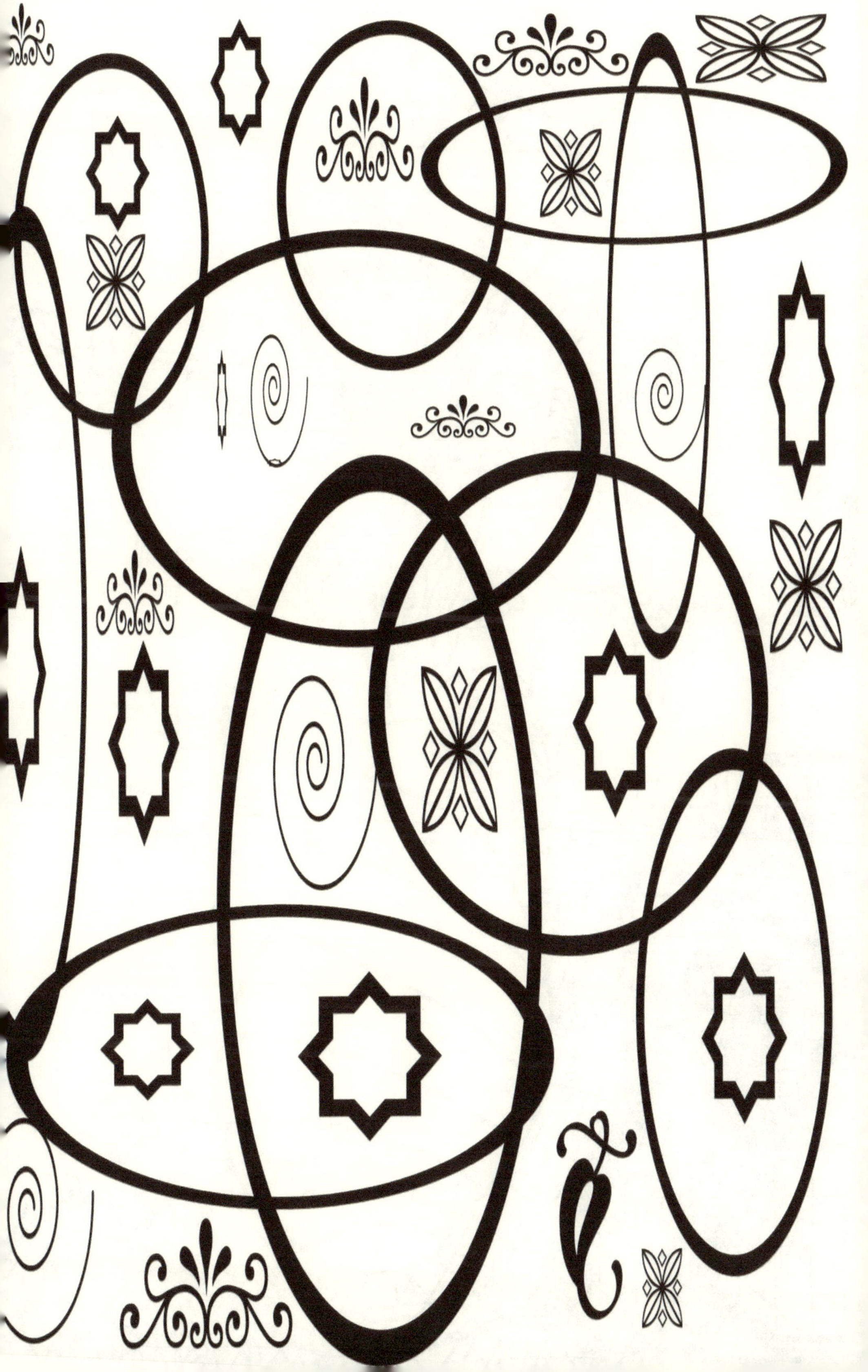

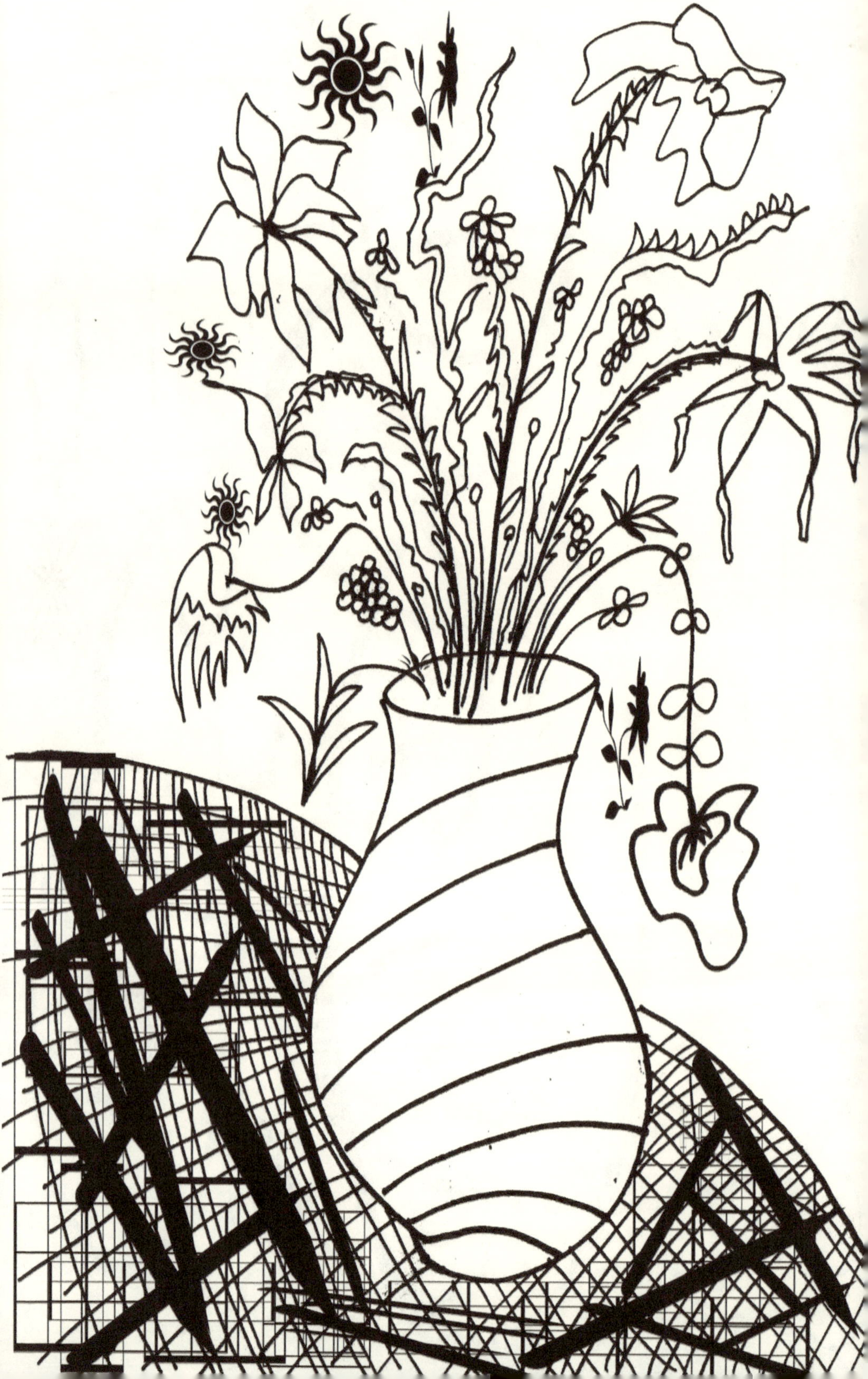

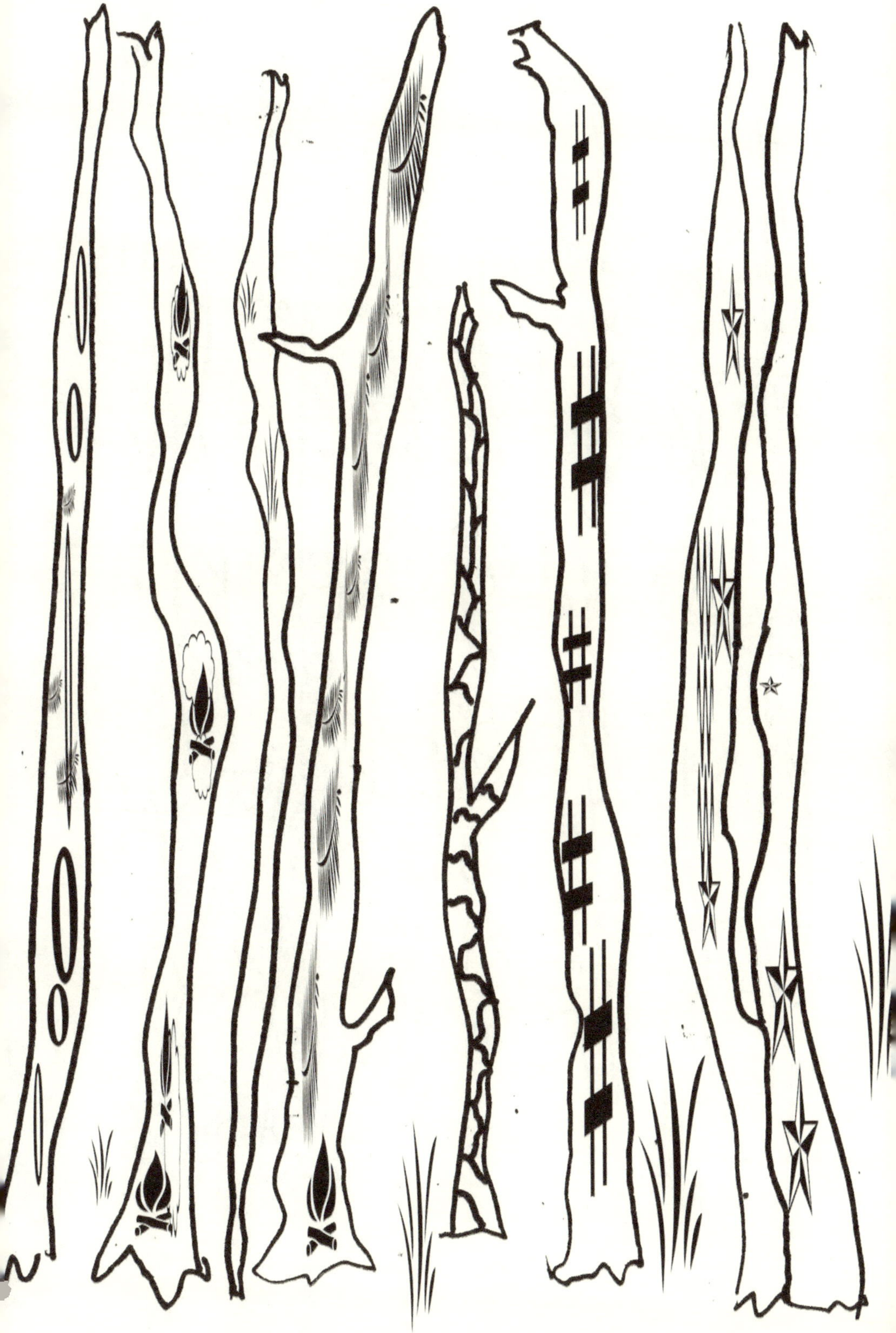

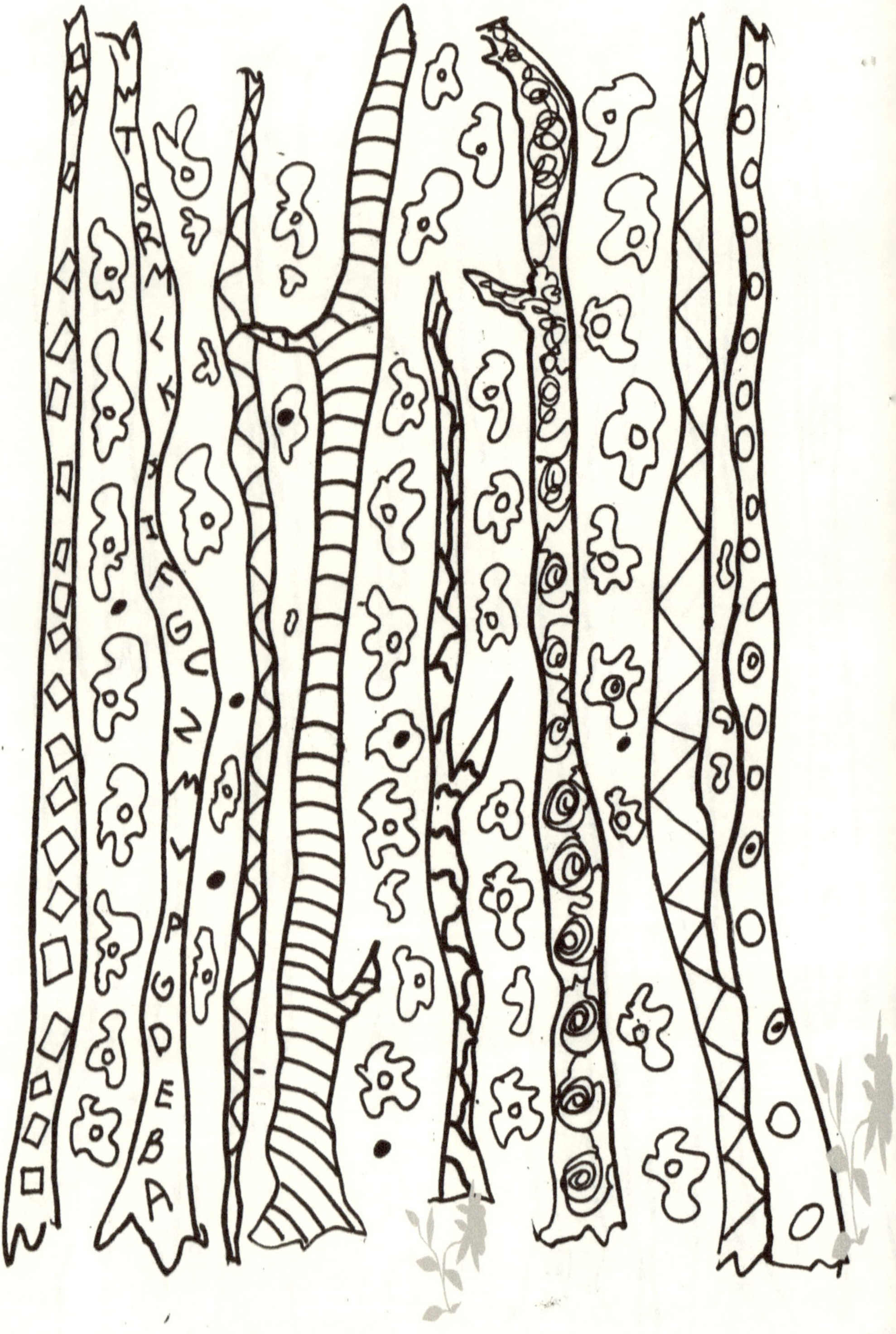

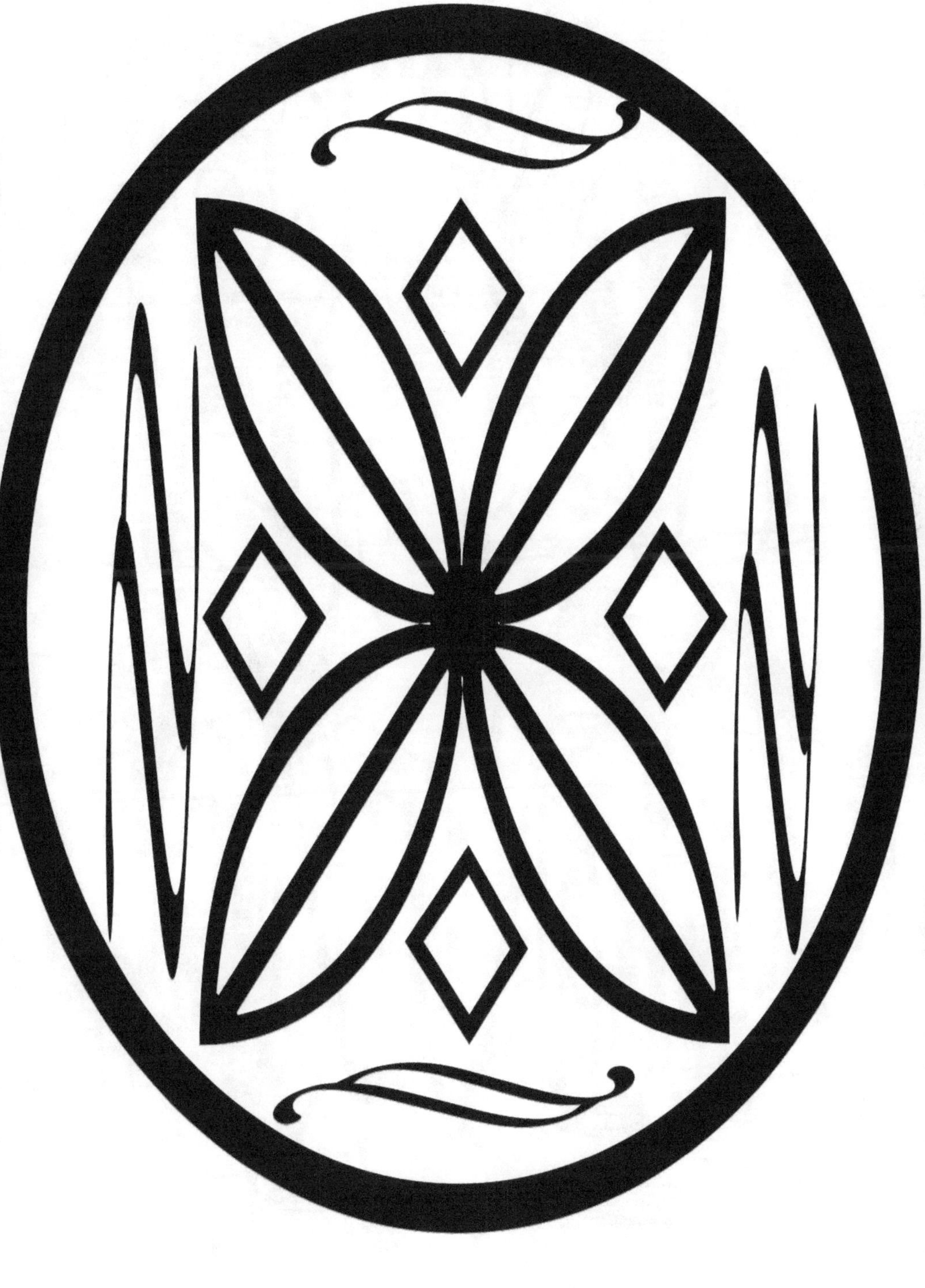

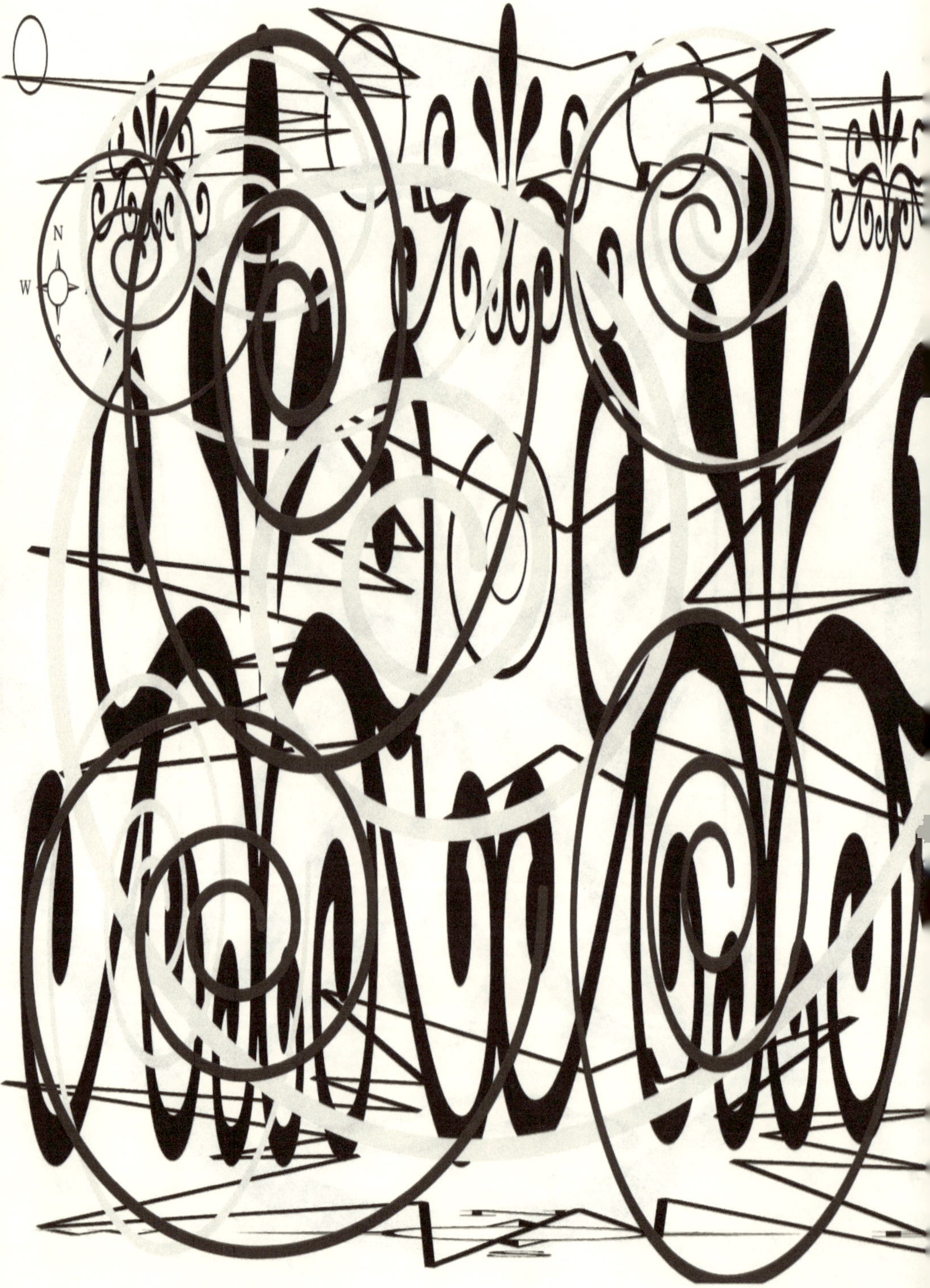
N
W
S

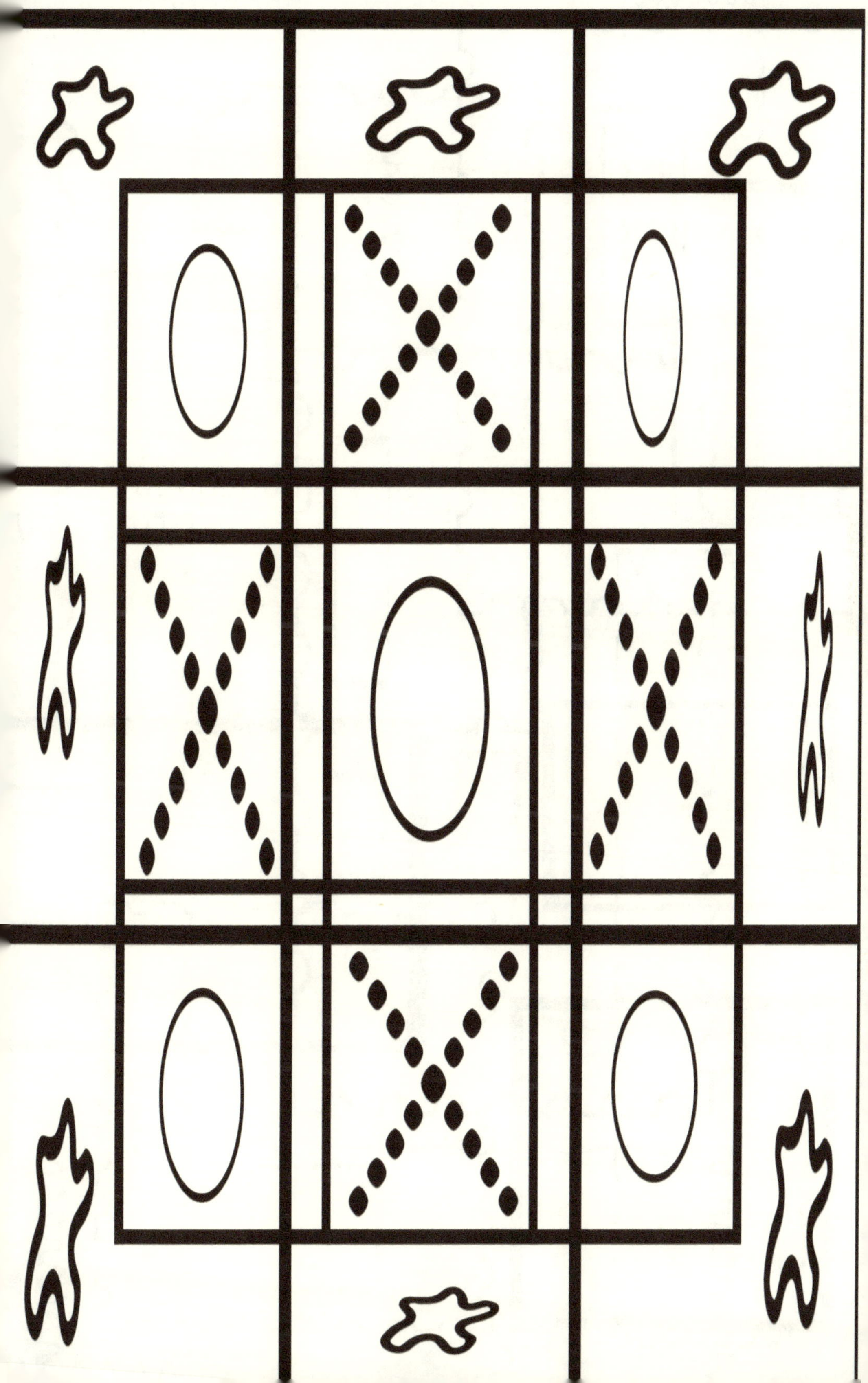

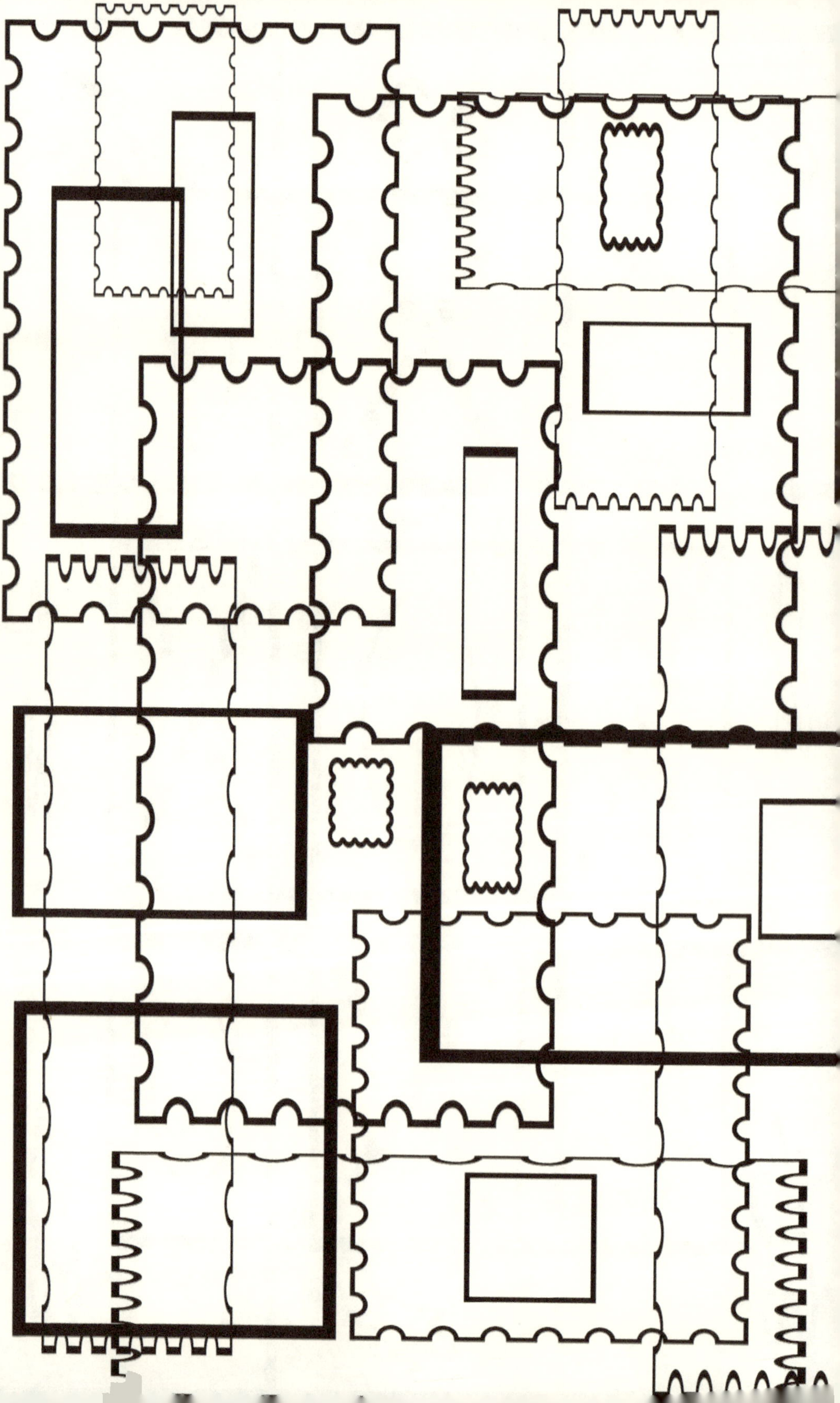

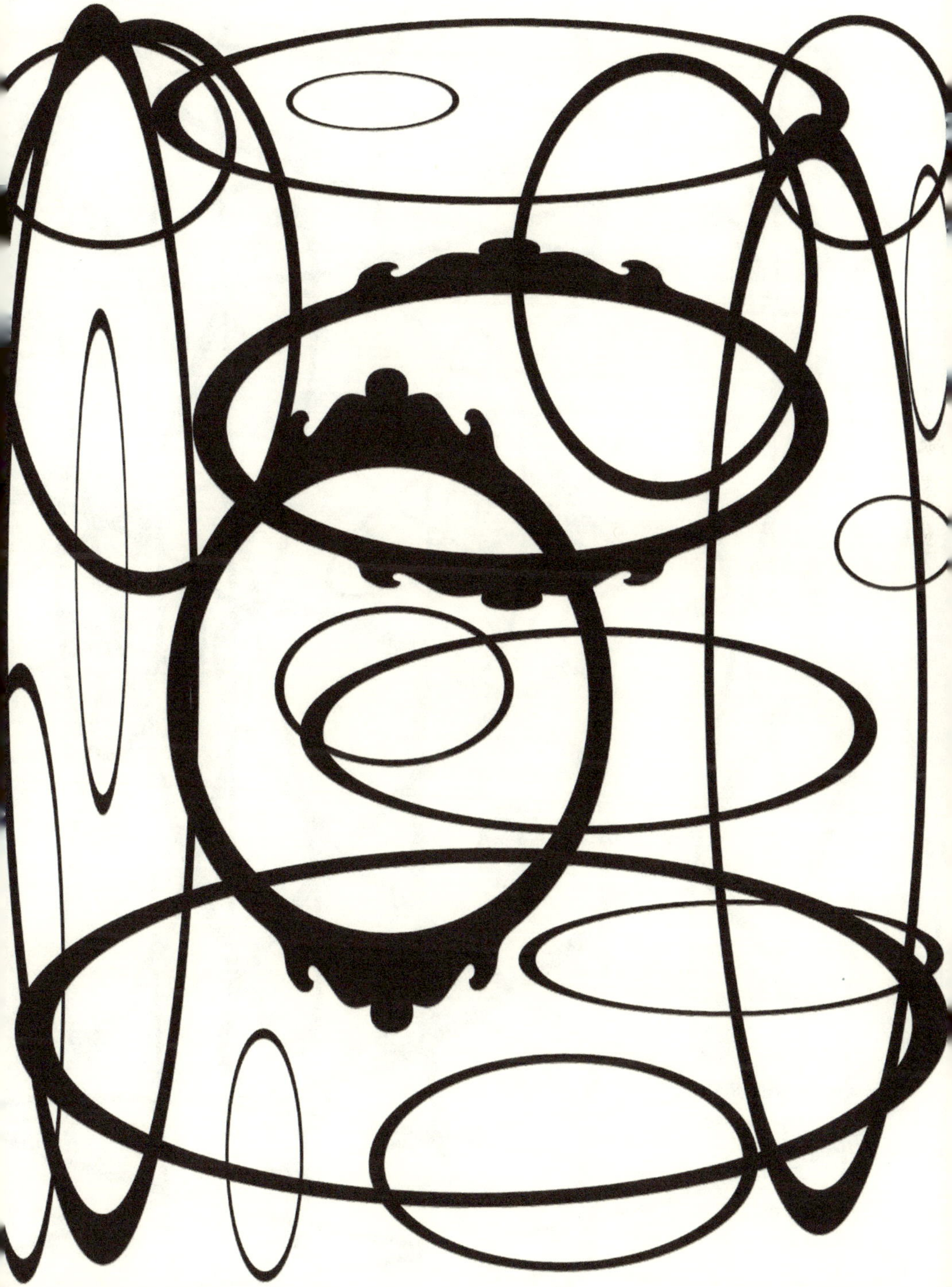

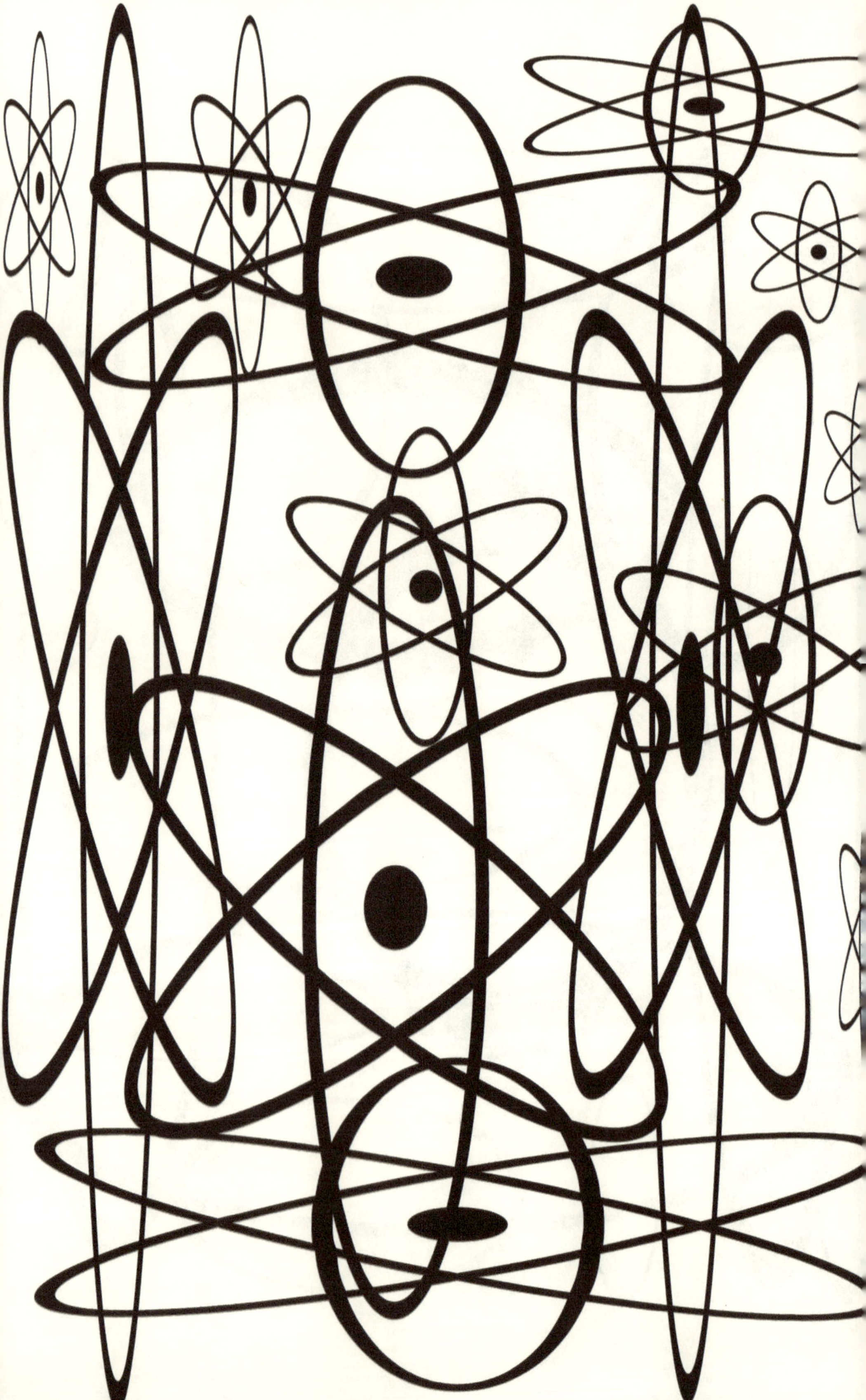

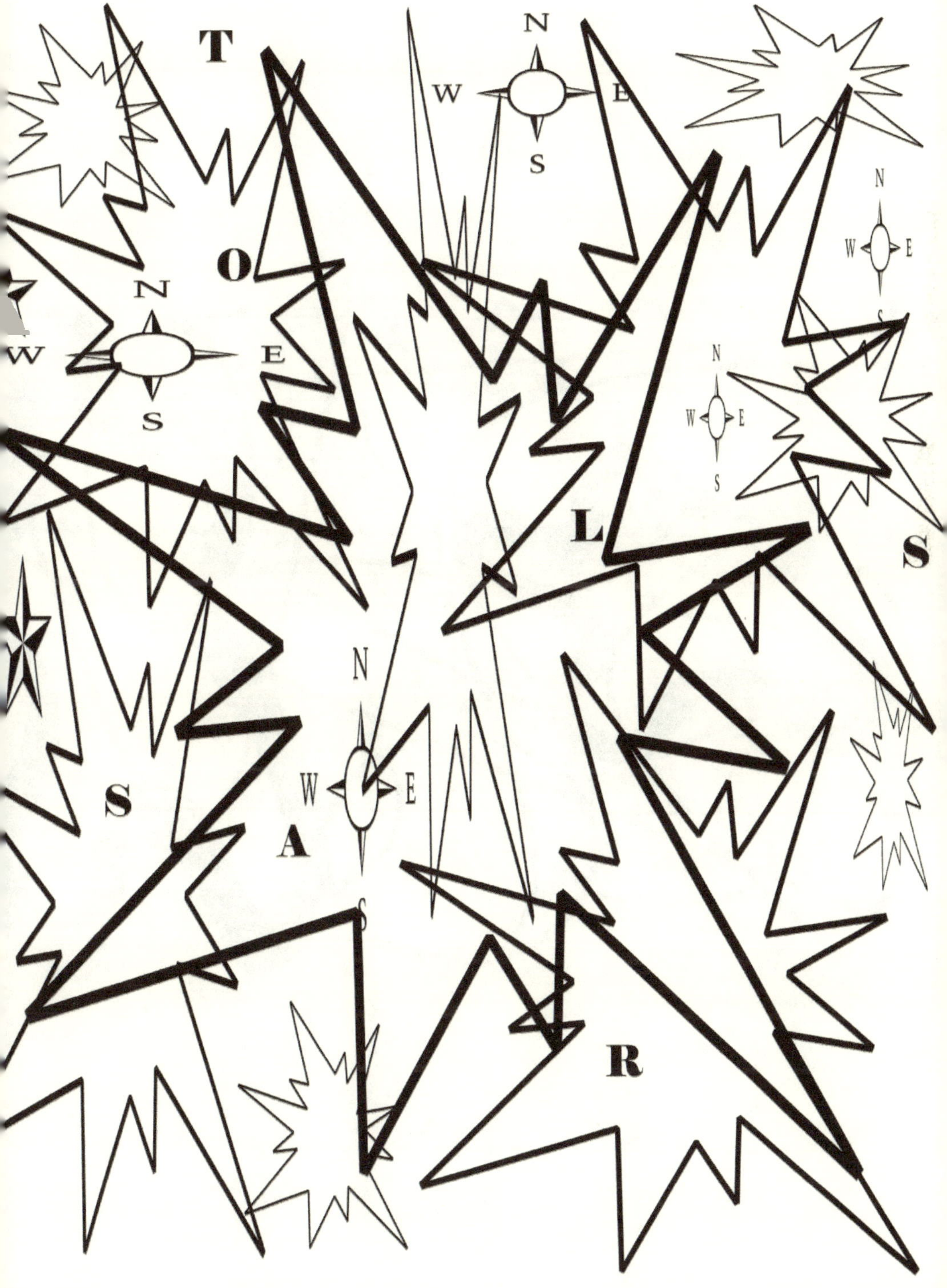
T
N
W
E
S
O
N
W
E
S
N
W
E
S
N
W
E
S
L
S
N
W
E
S
S
A
R

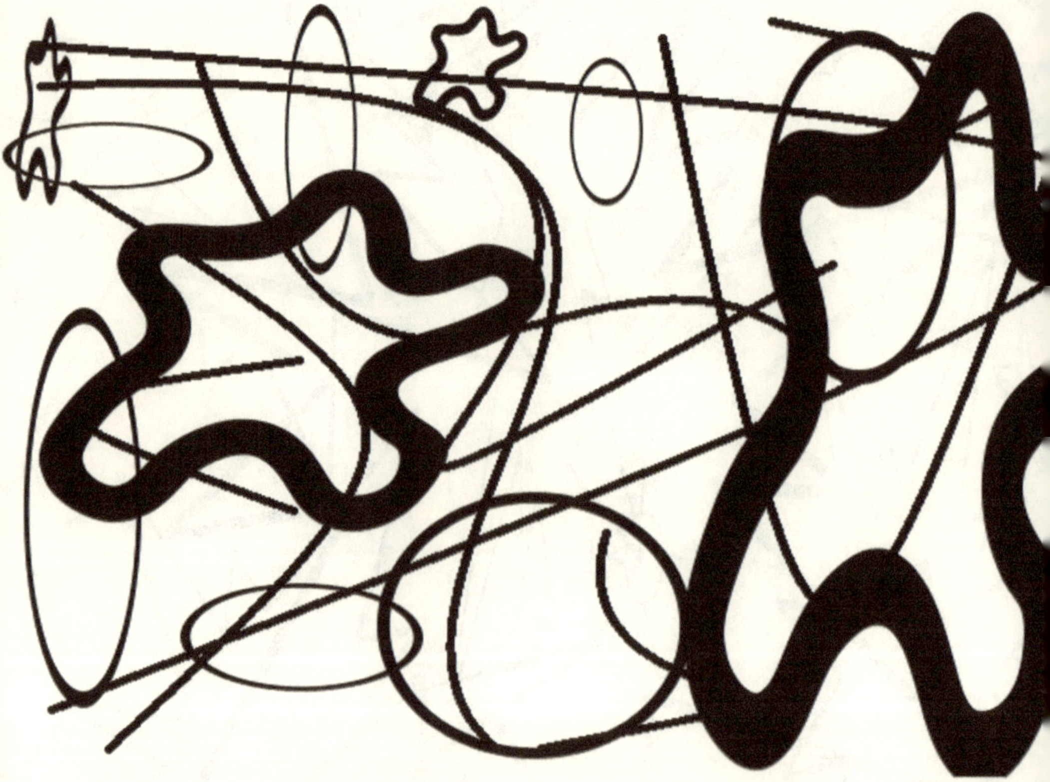

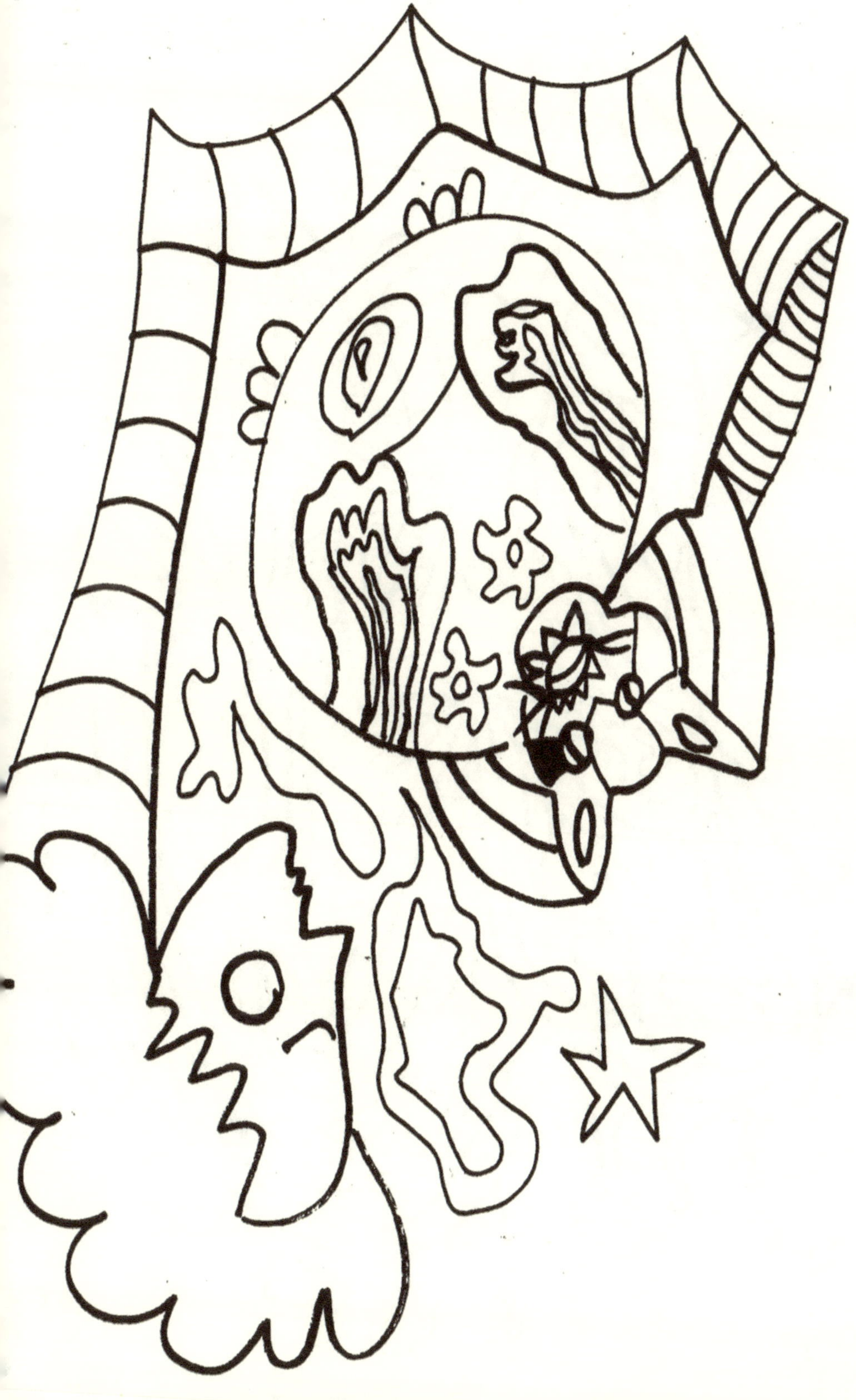
P

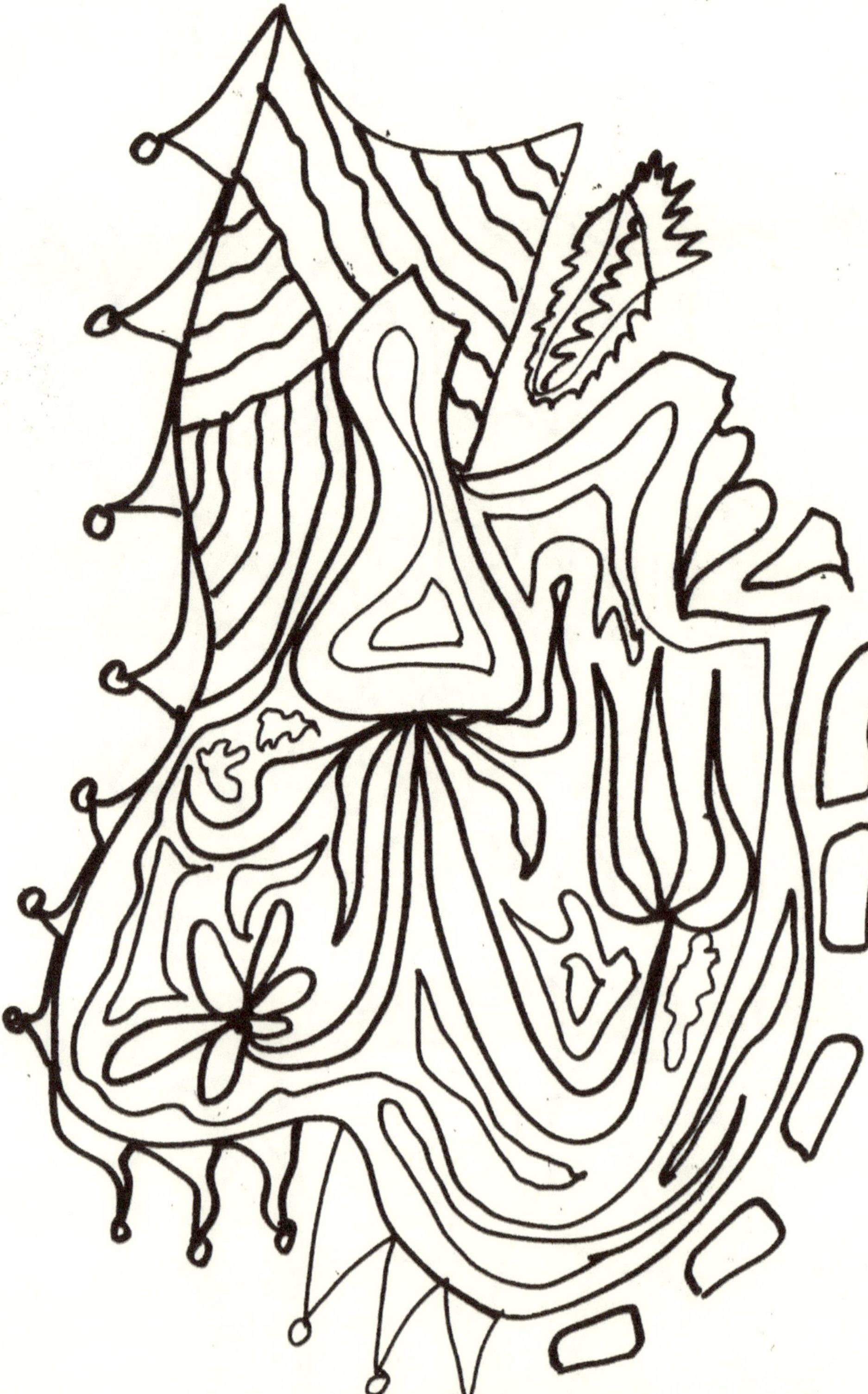

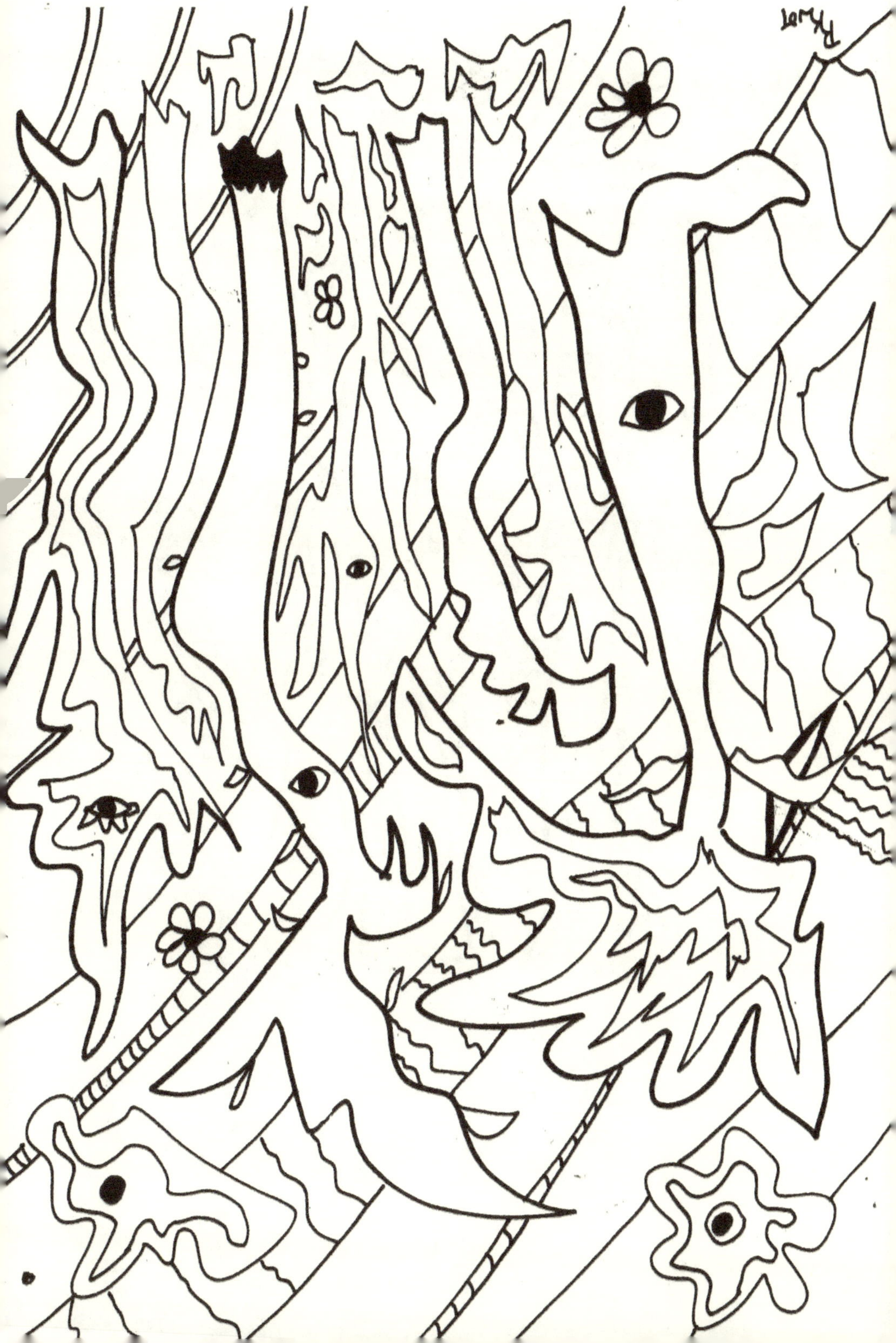

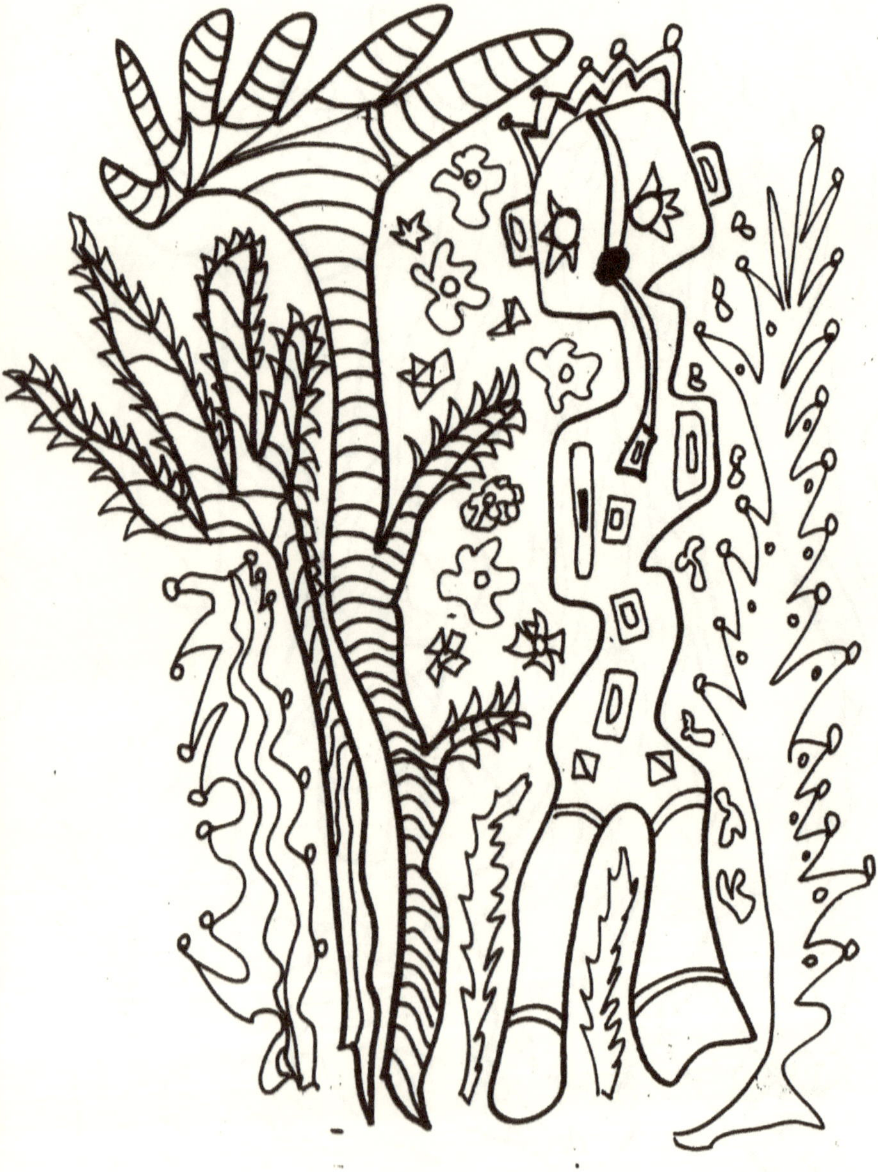

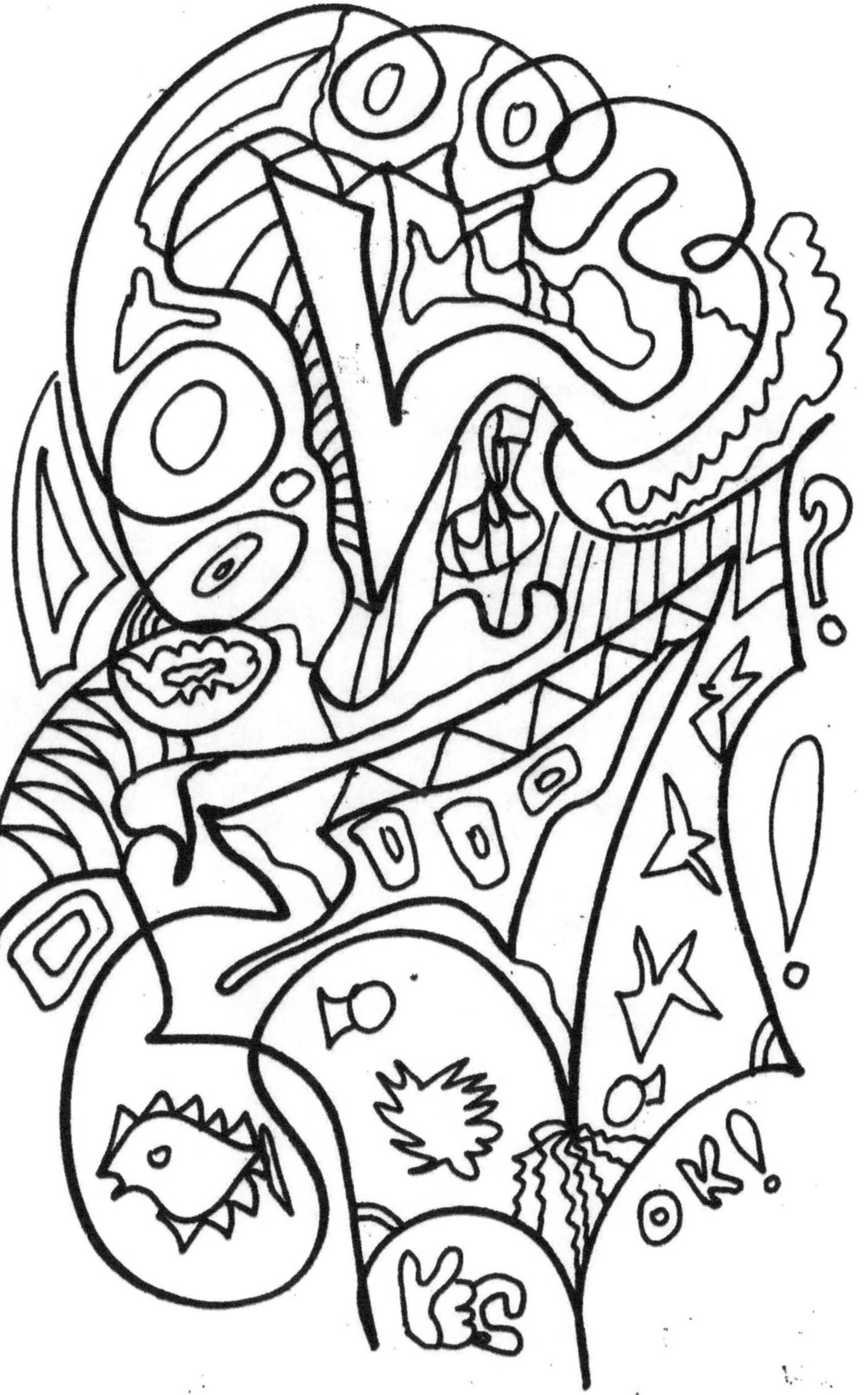

YES
OK!

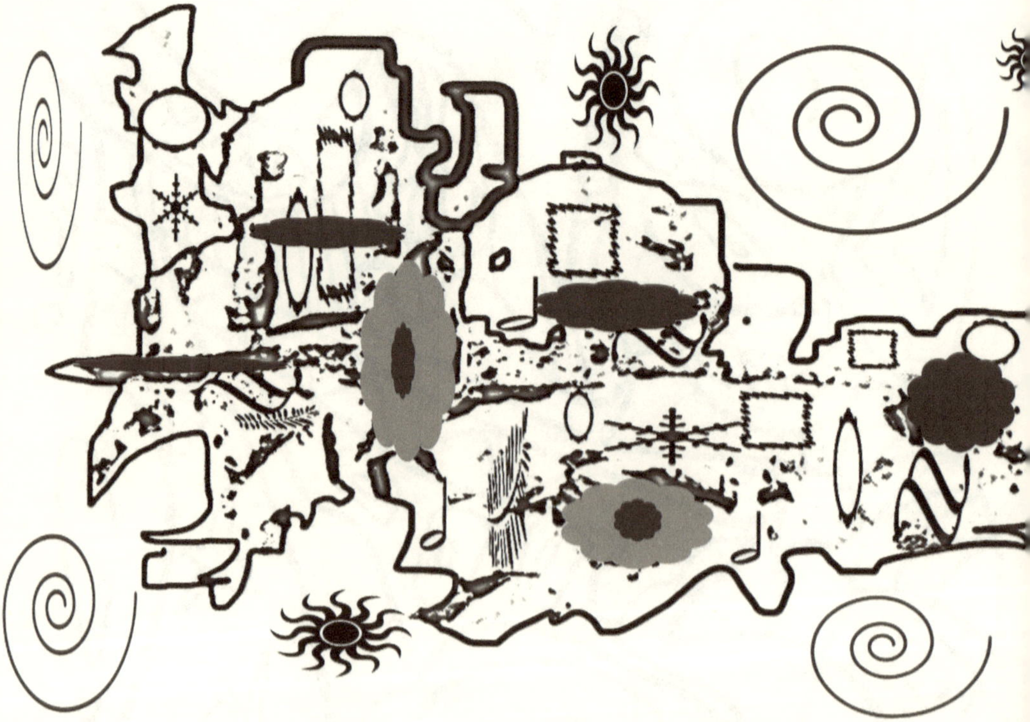

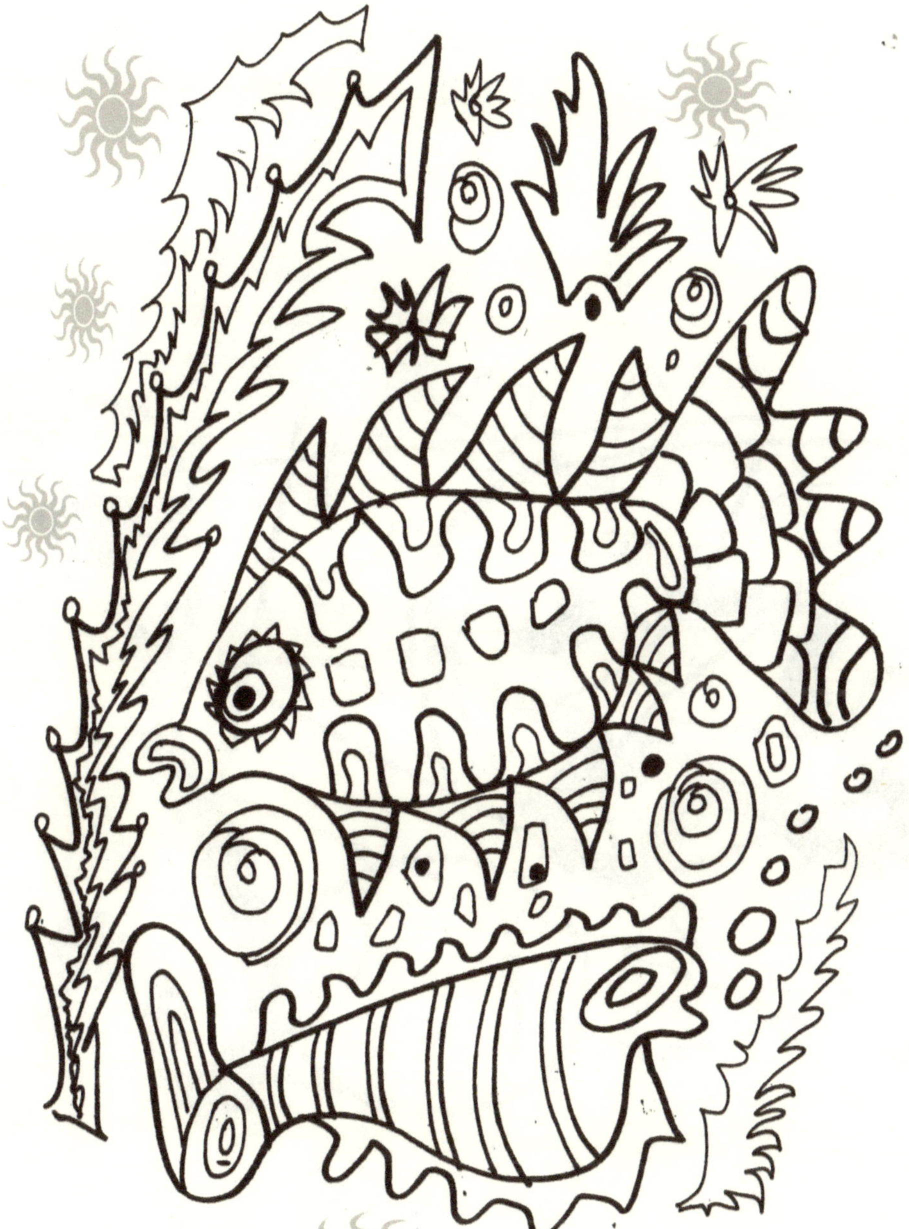

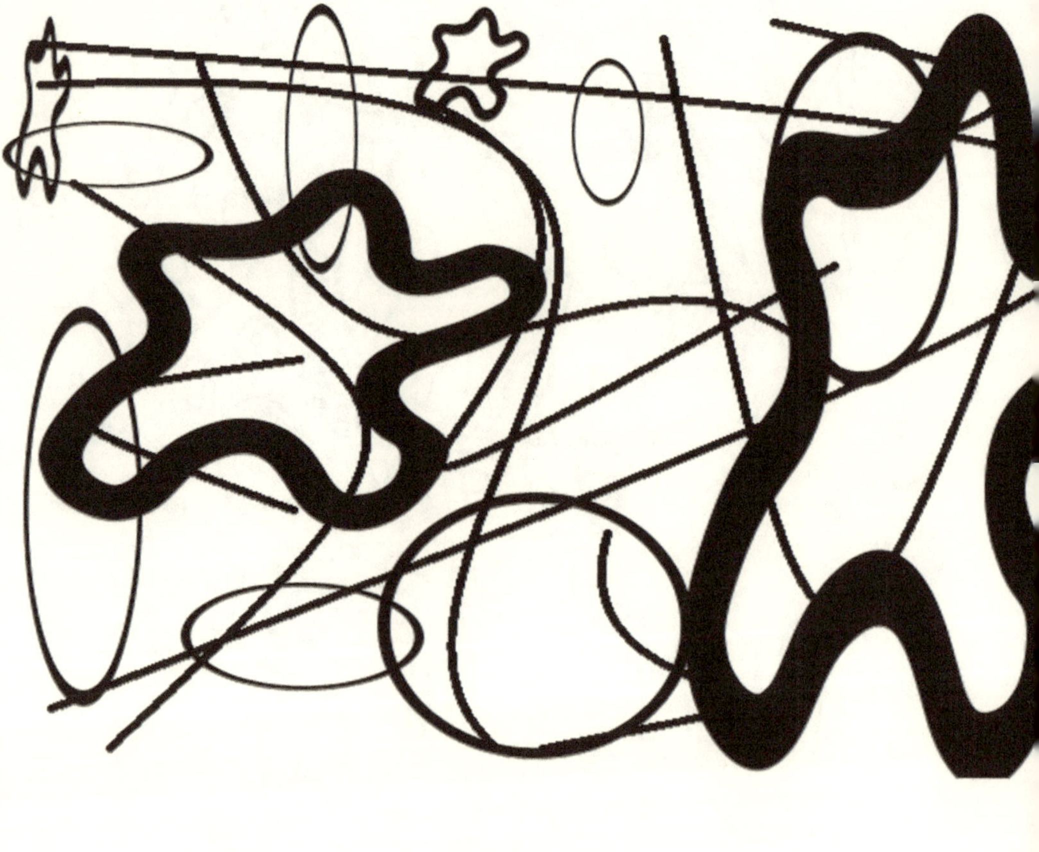

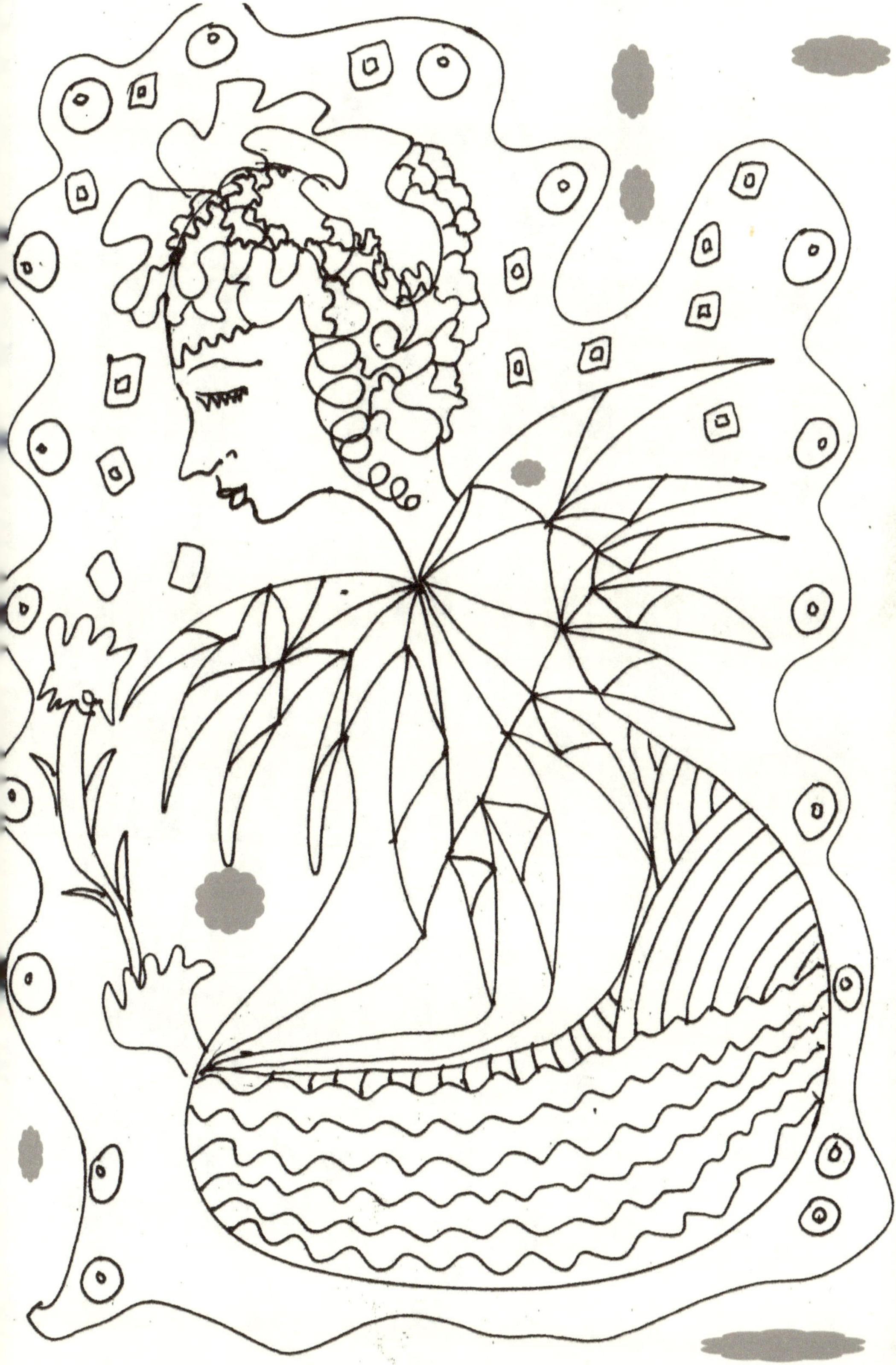

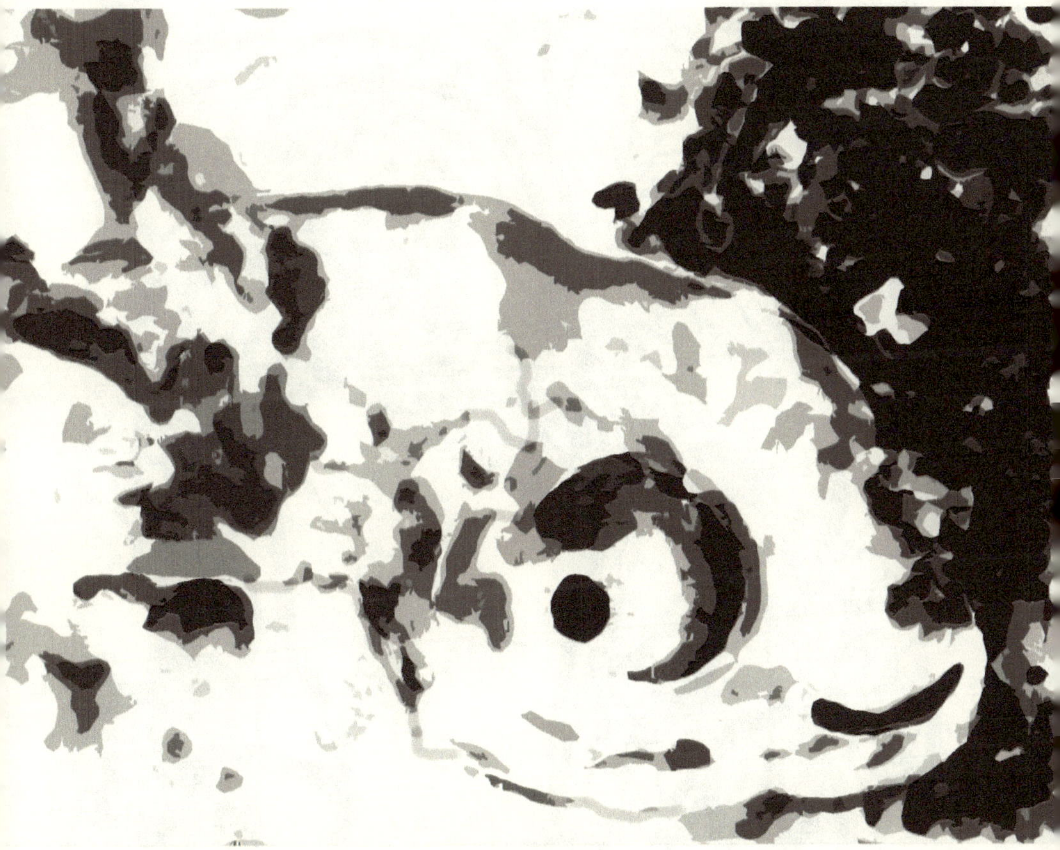

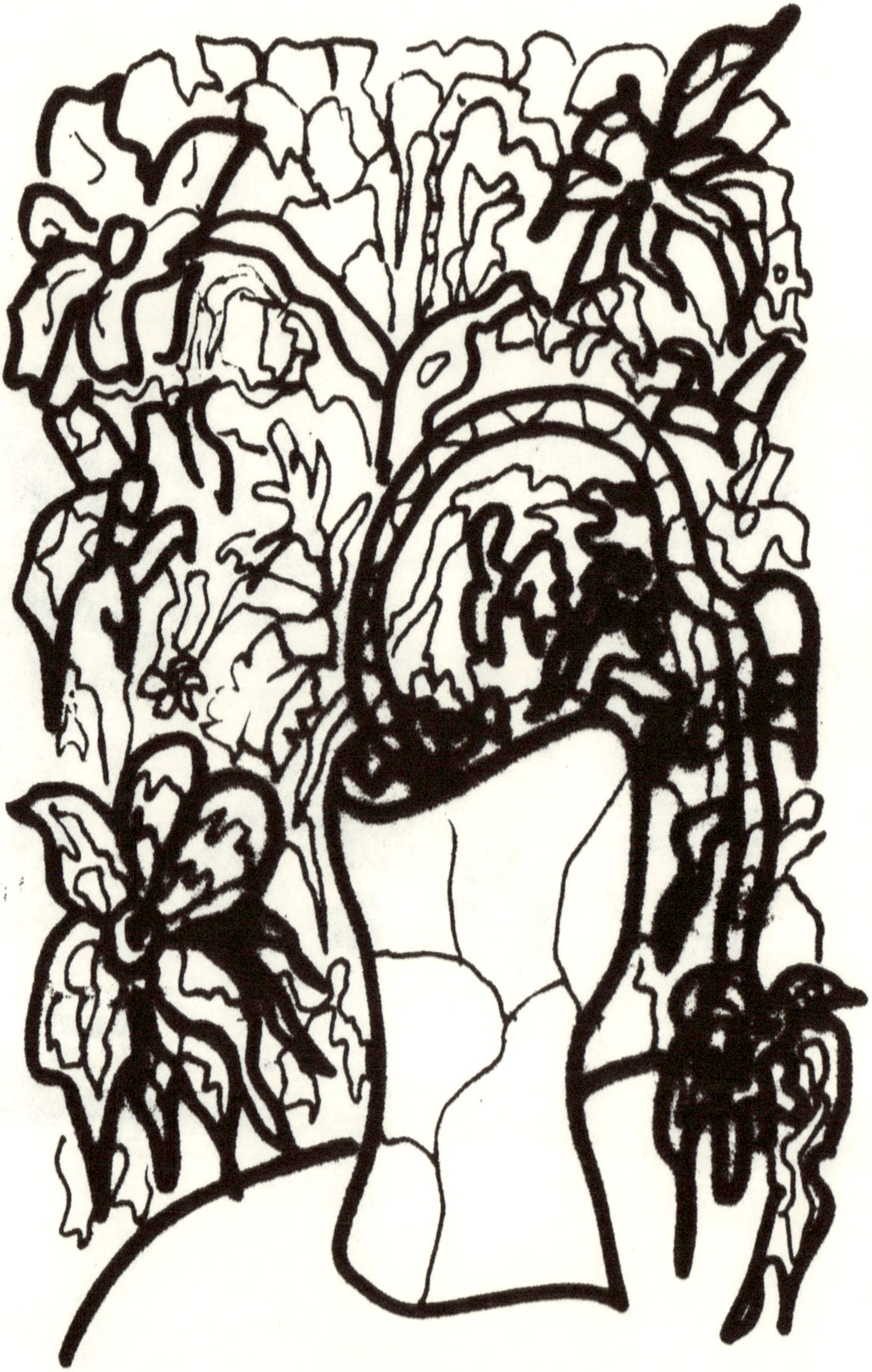

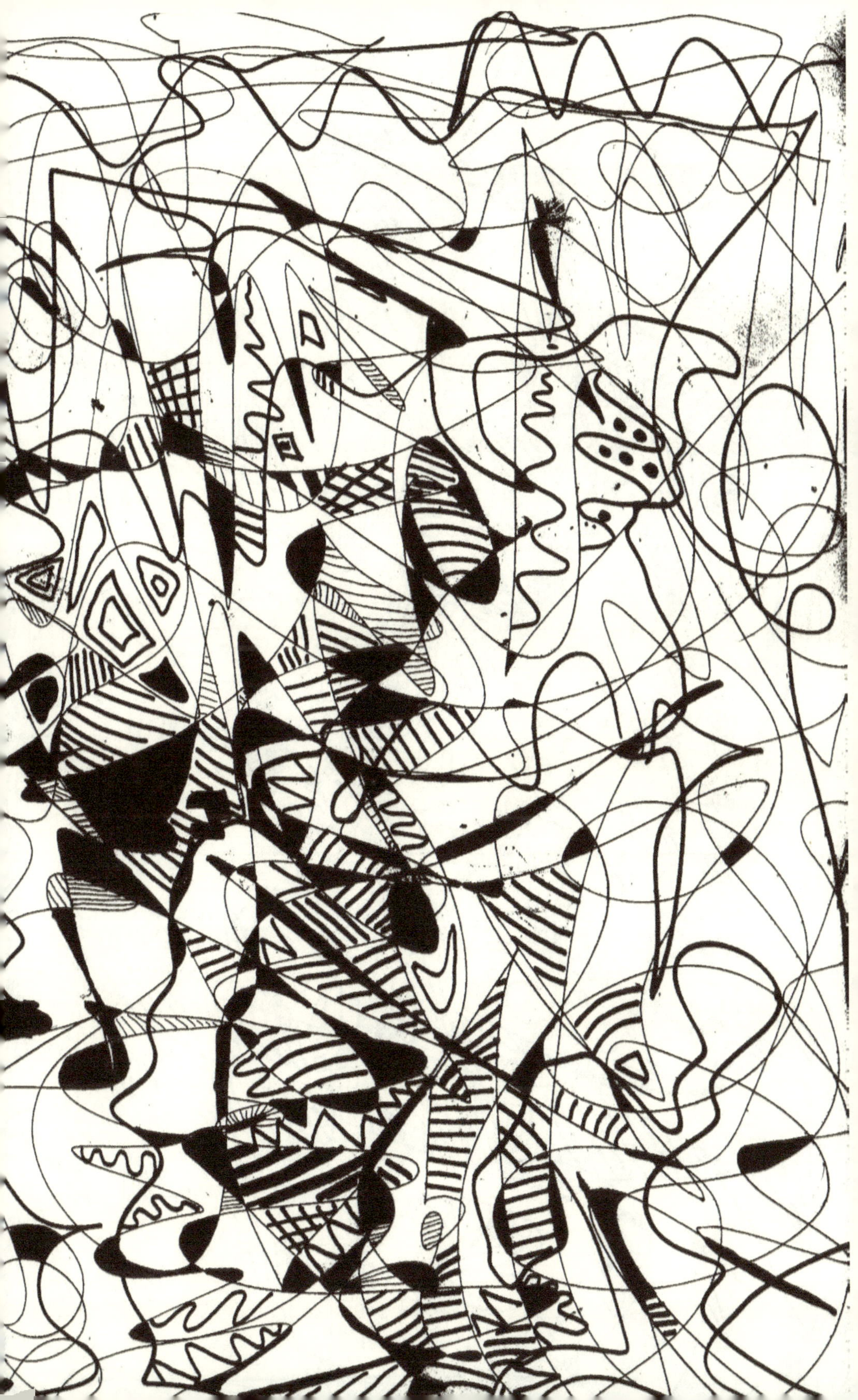

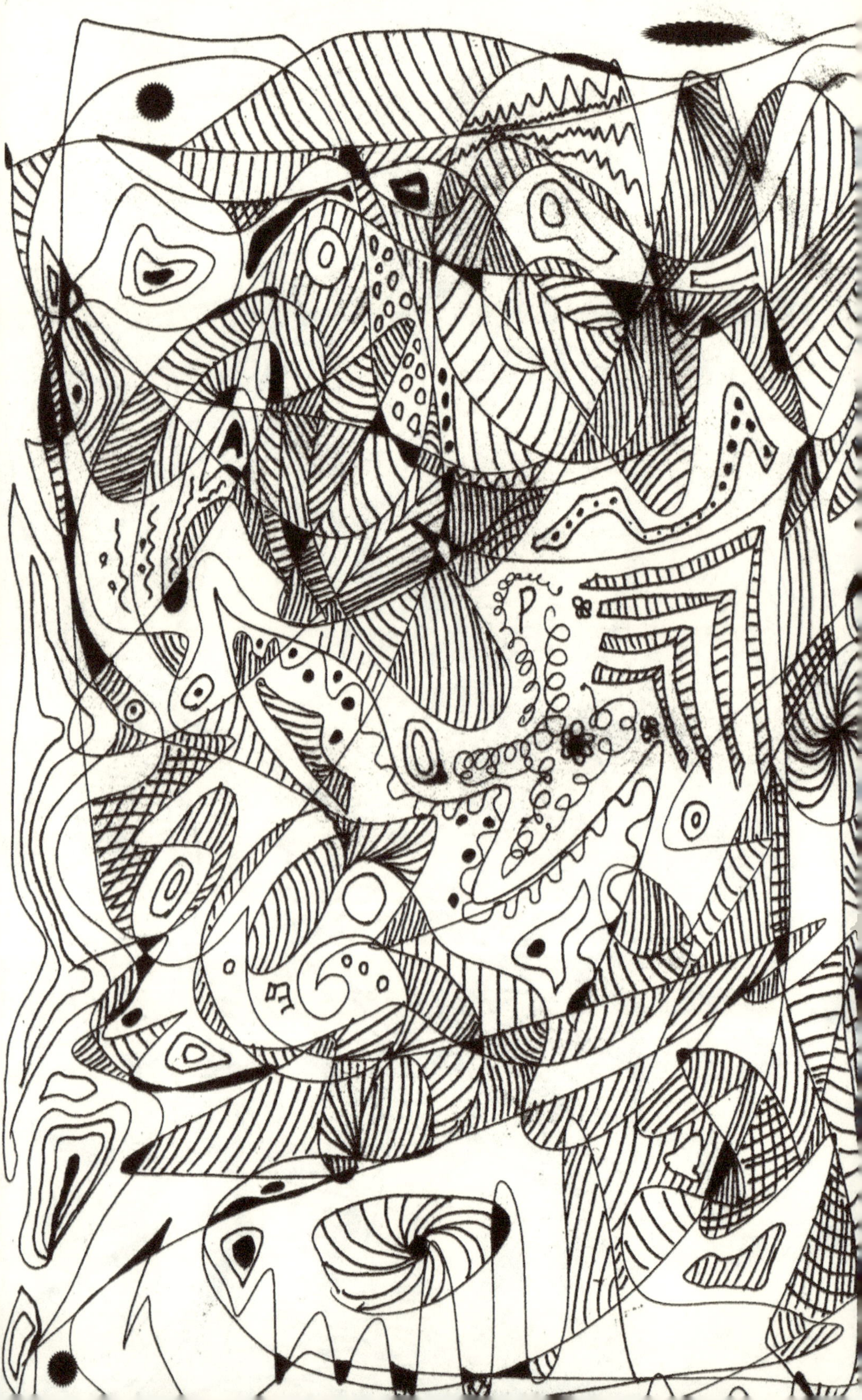

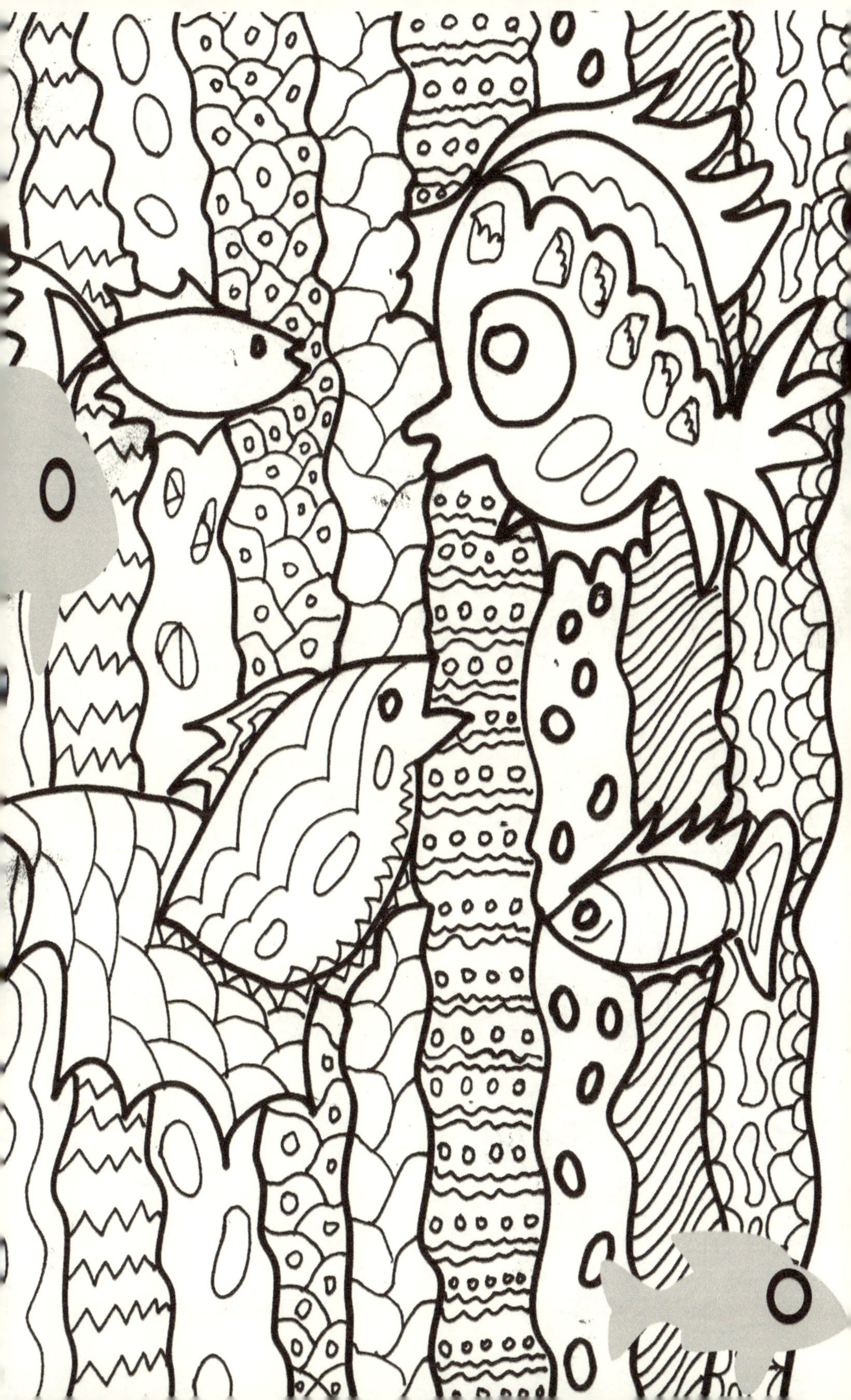

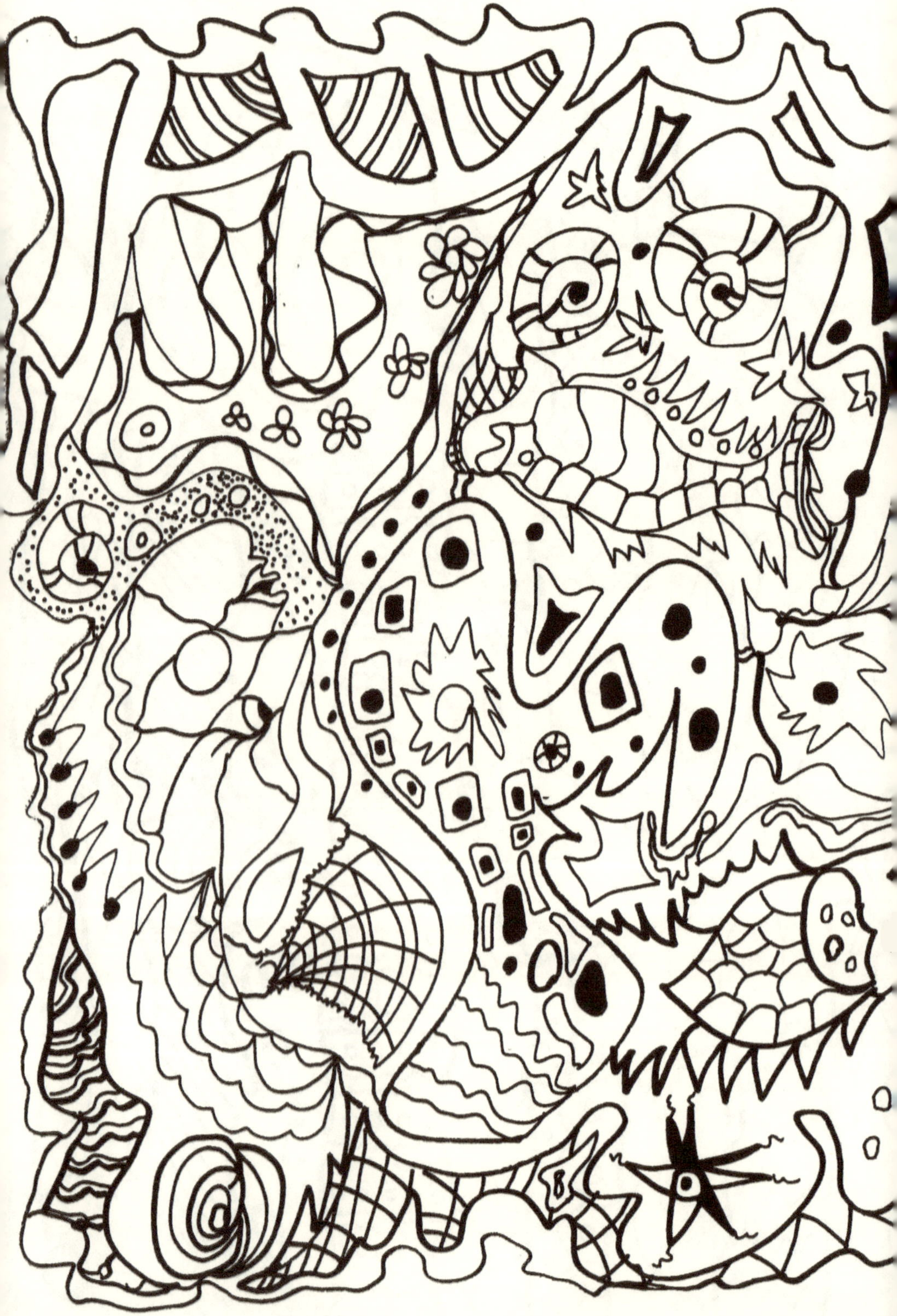

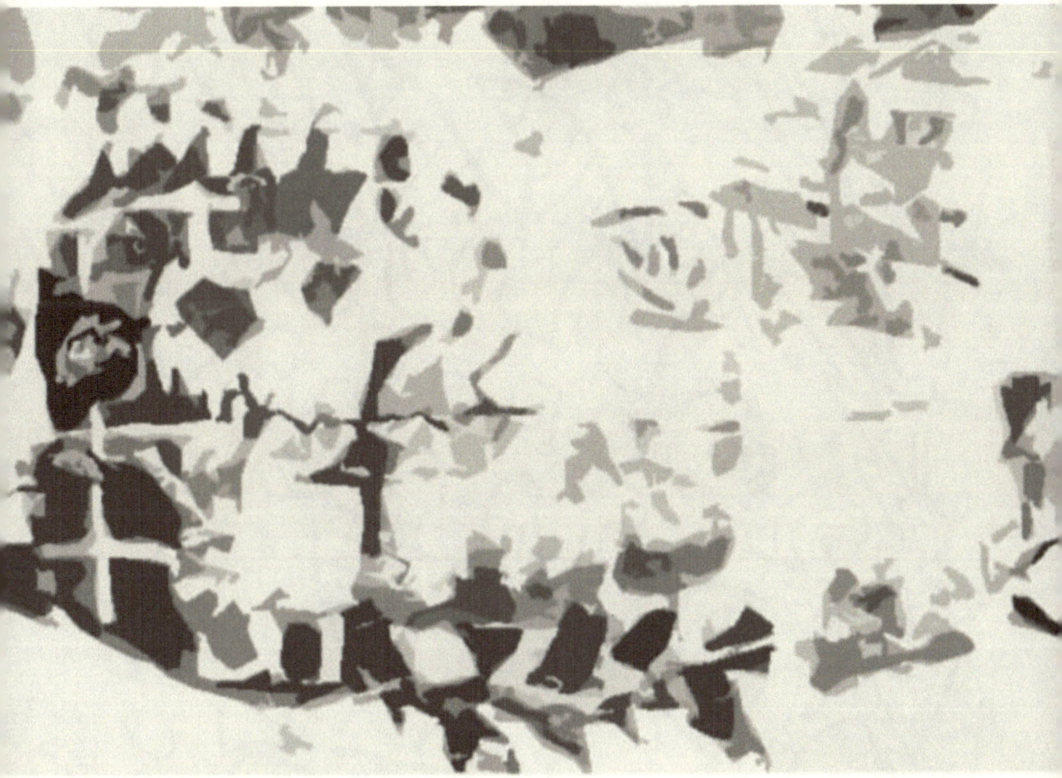

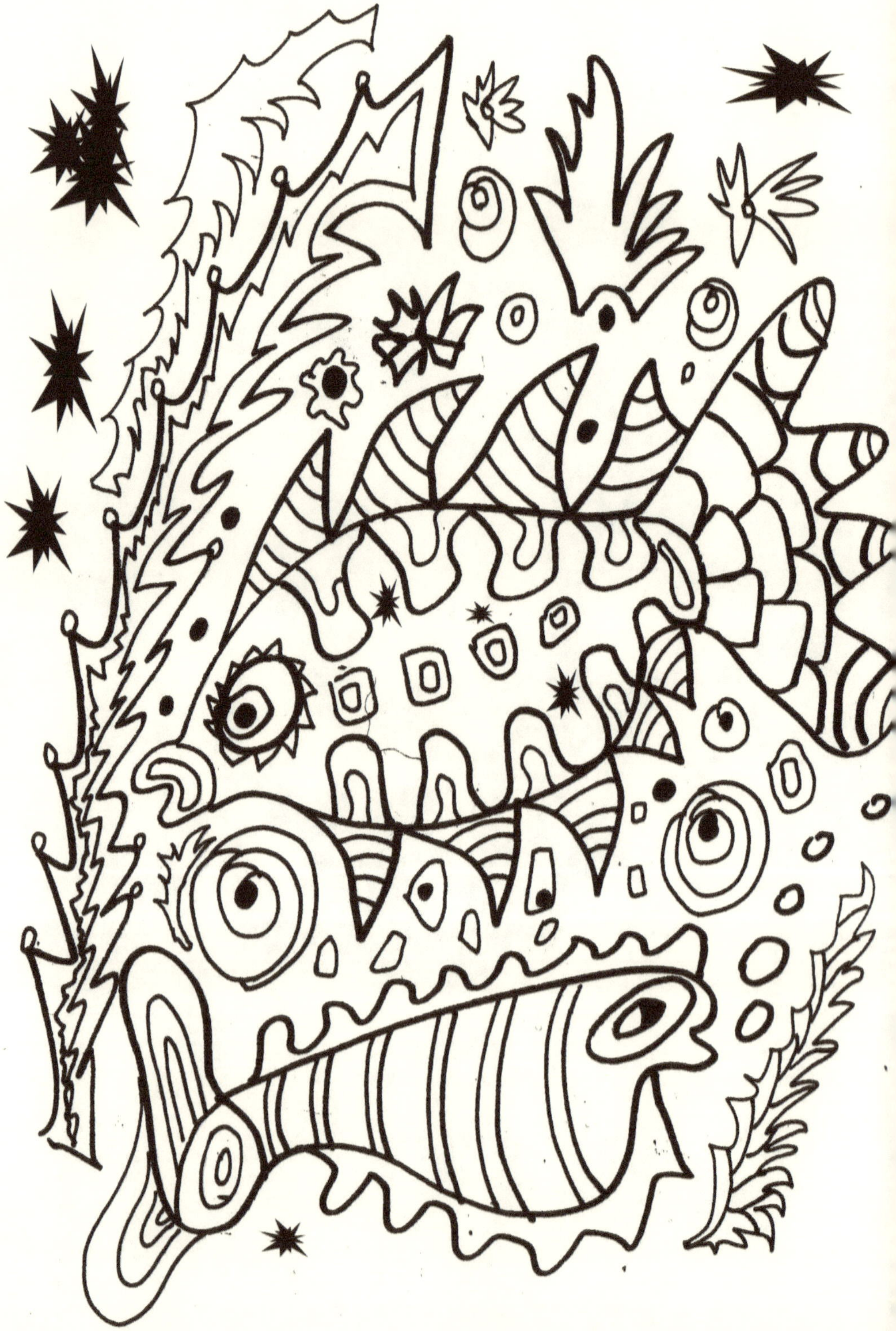

www.ingramcontent.com/pod-product-compliance
Lightning Source LLC
Chambersburg PA
CBHW021940170526
45157CB00005B/2368
* 9 7 8 1 3 2 9 9 5 4 0 4 5 *